EL VALOR PARA CAMBIAR

EL VALOR PARA CAMBIAR

DESPÍDETE DE LO ACEPTABLE Y ABRAZA LA PROMESA DE LO QUE PUEDE SER

JOYCE MEYER

ORIGEN

Penguin
Random House
Grupo Editorial

Título original: *The Courage to Change:*
Saying Goodbye to Good Enough and Embracing the Promise of What Can Be

Primera edición: febrero de 2026
Esta edición es publicada bajo acuerdo con Faith Words,
una división de Hachette Book Group, Inc., USA

Publicado por ORIGEN®, marca registrada de
Penguin Random House Grupo Editorial USA, LLC
8950 SW 74th Court, Suite 2010
Miami, FL 33156

Traducción: Daniel Esparza

Impreso en Colombia / *Printed in Colombia*

Información de catalogación de publicaciones disponible
en la Biblioteca del Congreso de los Estados Unidos

ISBN: 979-8-89098-442-5

CONTENIDO

INTRODUCCIÓN

Todo el mundo cambia. El cambio está ocurriendo todo el tiempo a nuestro alrededor. A veces tengo la sensación de que el mundo cambia más deprisa de lo que podemos entender. Cuando pienso en cómo era la vida en Estados Unidos en los años cuarenta y cincuenta, cuando yo crecía, los cambios son alucinantes. Por supuesto, la tecnología ha influido en el mundo y ha precipitado cambios que las generaciones anteriores no podían imaginar. Esto ha dado lugar a nuevas industrias, nuevas formas de comunicación y nuevas formas de trabajar. Además, han cambiado los valores y las prioridades. Las estructuras sociales han cambiado, e incluso las naciones han cambiado. Actualmente hay países en el mapa que ni siquiera existían hace treinta años.

Cambiamos nuestra forma de pensar sobre las cosas, atravesamos transiciones vitales y nuestros amigos cambian. Puede que hayamos tenido a alguien en nuestra vida durante muchos años y que, por razones diversas, ya no esté presente. Puede que hayan muerto, se hayan mudado o simplemente hayan cambiado de trabajo, y su tiempo esté ocupado en eso que están haciendo en lugar de en nosotros.

El cambio está a nuestro alrededor, sucede todos los días, de formas grandes y pequeñas. Cambian los gustos y las expectativas de la gente. Nuestras relaciones cambian, nuestros trabajos cambian, nuestras finanzas cambian. Nuestros hijos crecen y abandonan el nido. Nuestro cuerpo cambia a medida que envejecemos. Si nos cuidamos bien, podemos ralentizar el proceso de envejecimiento, pero nadie se ve a los ochenta como a los veinte. Lo digo por experiencia. La sociedad cambia, los estilos cambian y lo que la gente valora cambia.

Recientemente he experimentado algunos cambios en mi vida y en mi ministerio. Nuestro ministerio emplea a varios cientos de personas, y lo que los empleados esperan ahora es muy diferente de lo que esperaban hace treinta y cinco años. No todos esos cambios han sido fáciles para mí, pero a veces debemos cambiar, queramos o no. Por ejemplo, el trabajo desde casa es muy popular hoy en día, y las computadoras hacen posible que la gente pueda desempeñarse casi en cualquier lugar y en cualquier momento. Aunque estoy más acostumbrada a una jornada laboral de 8 a. m. a 5 p. m., he tenido que cambiar de opinión.

Todos somos producto de la época en la que crecimos, y normalmente nos gustan las cosas como eran antes. Pero si no estamos dispuestos a cambiar, probablemente nos quedaremos atrás mientras los demás avanzan. Debemos recordar que el hecho de que algo fuera correcto en 1980 no significa que lo sea en 2025 o 2030. Conozco a personas que se aferran obstinadamente a «los buenos viejos tiempos», y no son eficaces en el presente.

Aunque todo a nuestro alrededor tiemble y cambie, Dios no cambia nunca (Malaquías 3:6). La Palabra de Dios no cambia (Isaías 40:8), y debe dictar nuestra norma y estilo de vida. Todos y todo lo demás está sujeto al cambio. Debido a que Dios siempre es el mismo y Su Palabra siempre es verdadera y poderosa, podemos tener el valor de cambiar.

Hace unos veinte años, la asistencia a nuestro ministerio estaba disminuyendo. Al observar a los asistentes, me di cuenta de que tenían más o menos la misma edad que yo. No era una buena señal, porque significaba que no estaba llegando a los más jóvenes. Nuestro hijo Daniel, que por aquel entonces tenía unos veinte años, había empezado a trabajar para nosotros en un puesto de autoridad, y sugirió muchos cambios a los que me resistí al principio. Me recomendó que el culto lo dirigieran grupos más jóvenes, que cambiara mi forma de vestir y que modernizara el aspecto de nuestra plataforma. También aconsejó cambiar nuestra revista mensual e, incluso, redecorar algunas de nuestras oficinas.

Al principio, me sentí insultada por las ideas de mi hijo, como si dijera que yo no había hecho un buen trabajo. Pero me ayudó a comprender que no era así. Yo había llevado el ministerio hasta donde estaba, pero había llegado el momento en que necesitaba la opinión de gente más joven que yo.

Un día, en una reunión, la discusión subió de tono. Al final le dije: «Dan, aquí todos están de acuerdo conmigo». Él respondió: «Claro que sí. Todos tienen la misma edad que tú». Él tenía razón, y le dejamos hacer los cambios que sugería. Aunque no me gustaron especialmente, debo admitir que estaba en lo cierto, y desde entonces nuestro ministerio ha crecido. Ahora, cuando veo nuestras asambleas, veo a gente de todas las edades, profesiones y condiciones sociales, no solo de mi generación. El crecimiento que ha experimentado nuestro ministerio nos ha permitido ayudar a más personas. Si me hubiera negado a cambiar a causa de mi orgullo obstinado, tal vez ni siquiera tendría ahora un ministerio.

Espero que esta historia te ayude a darte cuenta de lo importante que es estar dispuesto a abrirse al cambio. Quizás estés enfrentando algunos cambios en este momento y te cueste lidiar con ellos, o quizás necesites hacer algunos cambios y tengas miedo de llevarlos a cabo. Sé que el cambio requiere valentía, pero también sé que dejar atrás una etapa pasada y abrazar las nuevas experiencias que Dios tiene para ti valdrá la pena a pesar de la ansiedad o el miedo. ¡Nunca tengas miedo de renunciar a lo bueno para alcanzar lo grandioso! Tuvimos un buen ministerio, pero ahora está mejor que nunca.

No temas dejar lo bueno por lo grandioso.

Ahora mismo nos enfrentamos a más cambios, y aún estamos decidiendo cuáles de ellos tendremos que hacer. Pero sé que cuando Dios cierra una puerta, siempre abre otra. No te pierdas lo que Dios quiere hacer ahora en tu vida por aferrarte al pasado. Ten el valor para cambiar.

PARTE 1

Caminar con Dios a través de los cambios de la vida

CAPÍTULO 1

El mayor cambio de todos

Por lo tanto, si alguno está en Cristo, es una nueva creación. ¡Lo viejo ha pasado, ha llegado ya lo nuevo!

2 Corintios 5:17

Creo que el mayor cambio de todos y el mayor milagro que presenciamos es cómo Dios cambia a las personas. El pasaje inicial de este capítulo dice que cuando estamos en Cristo, nos convertimos en criaturas totalmente nuevas. Hemos cambiado por dentro, y tenemos que aprender a vivir «de dentro hacia afuera». Cuando entregamos nuestras vidas a Jesús y lo recibimos como Señor y Salvador, me gusta decir que nos convertimos en nueva arcilla espiritual. El Espíritu Santo comienza el proceso de moldearnos a la imagen de Jesucristo (Romanos 8:29). Dios viene a vivir en nosotros y la semilla (esencia) de todo lo que necesitamos para desarrollar Su carácter está presente en nosotros. Simplemente necesita ser regada con la Palabra de Dios y trabajada en nuestro comportamiento mientras el Espíritu Santo nos revela la verdad y nos enseña cómo amar. Llegar a ser alguien nuevo es un viaje difícil, pero también es muy emocionante. Cuanto más aprendamos a rendirnos al Espíritu Santo y a su obra en nuestras vidas, más fácil será el proceso de transformación.

He aprendido esta lección de primera mano. He necesitado muchos cambios en mi vida a lo largo de los años, y Dios ha sido fiel a la hora de hacerlos llegar en su tiempo y a su manera. Él me ha guiado en cada uno de ellos, y todos han sido positivos. Necesitaba los cambios desesperadamente, y no creo que se hubieran producido sin una relación con Dios.

Mi despertar

Tuve una infancia atormentada, y cuando empecé a caminar con Dios, necesitaba una profunda sanación en mi alma y muchos cambios en mi forma de pensar y de comportarme. Cuando, a través de la Palabra de Dios, me di cuenta de que Satanás me había robado la paz, el gozo, la justicia, la dignidad y la confianza, y que me había robado mi infancia a través del abuso, me enfurecí y quise arremeter contra todos. Sentía que se me debía algo, pero seguía intentando cobrárselo a las personas equivocadas.

Cuando me di cuenta de lo mucho que el diablo me había robado porque mi padre abusó sexualmente de mí, me sentí engañada. Aún peor, me di cuenta de que había malgastado muchos años en mentalidades y emociones negativas, y que nunca podría recuperar aquellos años. No quería seguir repitiendo el mismo ciclo de malas actitudes, así que decidí que algo tenía que cambiar.

No puedes cambiar tu historia, pero puedes cambiar tu destino.

Era demasiado tarde para cambiar las circunstancias que me hacían infeliz, pero con el tiempo aprendí muchas lecciones que finalmente me llevaron por el buen camino. Aprendí que no podía cambiar mi historia, pero sí mi destino. Aprendí que, aunque no hubiese tenido un buen principio, podía tener un buen final. Aprendí que Dios me pagaría por mi antigua vergüenza (Isaías 61:7). Aprendí que solo se vence al mal con el bien (Romanos 12:21). Y aprendí una lección muy importante: muchos de los cambios que necesitaba dependían de perdonar a las personas que me habían hecho daño. Mientras seamos rencorosos e implacables, no podremos avanzar en la vida. De hecho, creo que es tan vital que he escrito una sección entera sobre ello en el capítulo 12, «Dejar ir y dejar a Dios ser Dios».

Los problemas son inevitables, pero la miseria es opcional.

Tuve que cambiar mi forma de pensar para cambiar mi futuro, y desde luego no fue fácil. Ningún cambio fue fácil, pero todos eran necesarios si no quería perpetuar la miserable existencia que había estado viviendo. Los problemas son inevitables, pero la miseria es opcional.

La Palabra de Dios dice que debemos olvidar las cosas pasadas y no obsesionarnos con el pasado porque Él está haciendo algo nuevo y no quiere que nos lo perdamos (Isaías 43:18-19).

A lo largo de varios años de obediencia a Dios, paso a paso mi vida cambió, y ya no estoy enfadada, resentida, y ni siquiera lamento lo que me pasó durante mi infancia, porque sé que Dios lo está usando todo para el bien.

El primer paso hacia el cambio

Afrontar la verdad sobre nosotros mismos y nuestro comportamiento actual es el primer paso hacia el cambio. No podemos cambiar a menos que sepamos que necesitamos hacerlo. Esto es tan cierto para mí como para ti. Jesús dice que, si

No puedes cambiar a menos que sepas que lo necesitas.

perseveramos en Su Palabra, conoceremos la verdad y la verdad nos hará libres (Juan 8:31-32). El Espíritu Santo es el Espíritu de la Verdad (Juan 14:17), y Jesús dice: «Yo soy el camino, la verdad y la vida» (Juan 14:6). Jesús es también el Verbo que se hizo carne y vino a habitar entre nosotros (Juan 1:14). No hay posibilidad de conocer la verdad sin conocer a Jesús y permitir que Su Espíritu obre en nuestra vida.

Jeremías, el profeta del Antiguo Testamento, escribe: «Nada hay tan engañoso como el corazón» (Jeremías 17:9). Es muy fácil engañarnos sobre nosotros mismos, pero no podemos hacer nada sobre algo que no sabemos que existe. Cuando Dios nos revela algo que necesita ser corregido, es una manifestación de Su amor. Le agradezco a Dios que me ame lo suficiente como para dejarme como estoy.

Nuestro mundo actual es tan confuso que mucha gente se pregunta: «¿Qué es la verdad?». A menudo dicen que la verdad es relativa, lo que significa que debe ser considerada o juzgada junto con otras cosas. La mayoría de las veces la gente piensa que la verdad es lo que cada persona quiera que sea en su vida. Creo que esta es una gran razón por la que el mundo está en la condición en la que está. Jesús no dice que Él es «una verdad»; Él dice que Él es «la Verdad». Cualquiera que siga Sus directrices para la vida sabe que hacerlo es la única manera de vivir que produce verdadera paz, alegría y una relación correcta con Dios.

Cuando una persona nace de nuevo (cuando recibe a Jesús como Señor y Salvador) y comienza a estudiar o escuchar Su Palabra, esa persona será convicta de pecado y querrá cambiar. Querrá, pues, que su comportamiento se alinee con la Palabra de Dios. La mejor manera de lograr esto es primero admitir el pecado, luego arrepentirse de él, recibir el perdón de Dios y estar dispuesto a alejarse del pecado. Luego, en lugar de simplemente «intentar» cambiar, necesita pedirle a Dios que le ayude. Es posible que vuelva a caer en los viejos hábitos varias veces antes de que los nuevos hábitos estén firmemente establecidos. Si haz hecho esto y te encuentras volviendo a tus viejos hábitos, no te sientas condenado. Simplemente vuelve a empezar. El justo cae siete veces y vuelve a levantarse (Proverbios 24:16).

La convicción viene de Dios; la condenación, del diablo.

La convicción (reconocer la necesidad de cambiar) viene de Dios, pero la condenación viene del diablo. La condena obstaculiza el crecimiento espiritual y no ayuda en nada. Desperdicié al menos veinticinco años de mi relación con Dios sintiéndome culpable y condenada, y «tratando» de cambiar antes de darme cuenta de que solo Dios podía cambiarme y de que necesitaba pedirle que lo hiciera. Él nos cambia cuando estudiamos Su Palabra, oramos y pasamos tiempo con Él. A menudo nos muestra cosas que podemos hacer, y cuando lo hace, debemos hacerlas. Pero si lo que hacemos no es guiado por el Espíritu, todo es inútil. El éxito en cualquier área no se consigue por la fuerza ni por el poder, sino por el Espíritu Santo (Zacarías 4:6).

En Romanos 7:15 y 8:2, el apóstol Pablo revela un dilema personal. El proceso por el que pasó no es diferente de lo que tú y yo pasamos cuando buscamos ser como Jesús. Comienza diciendo que parece que no puede hacer lo que quiere, y se encuentra haciendo lo que no quiere. Tómate tu tiempo para leer esto, porque lo deja bastante claro:

> No entiendo lo que me pasa, pues no hago lo que quiero, sino lo que aborrezco. Ahora bien, si hago lo que no quiero, estoy de acuerdo en que la Ley es buena; pero en ese caso, ya no soy yo quien lo lleva a cabo, sino el pecado que habita en mí. Yo sé que en mí, es decir, en mi carne, nada bueno habita. Aunque deseo hacer lo bueno, no soy capaz de hacerlo. De hecho, no hago el bien que quiero, sino el mal que no quiero. Y si hago lo que no quiero, ya no soy yo quien lo hace, sino el pecado que habita en mí.
>
> Así que descubro esta ley: que cuando quiero hacer el bien, me acompaña el mal. Porque en lo íntimo de mi ser me deleito en la Ley de Dios; pero me doy cuenta de que en los miembros de mi cuerpo hay otra ley, que es la ley del pecado. Esta ley lucha contra lo que considero bueno, y me tiene cautivo. ¡Soy un pobre miserable! ¿Quién me librará de este cuerpo sujeto a la muerte? ¡Gracias a Dios por medio de Jesucristo nuestro Señor!

> En conclusión, con la mente yo mismo me someto a la Ley de Dios, pero mi carne está sujeta a la ley del pecado.
>
> Romanos 7:15-25

Solo Dios puede liberarnos y solo Él puede cambiarnos. Mientras esperamos que Él lo haga, no es necesario condenarnos sino estar llenos de fe y muy agradecidos de que Dios nos haya liberado. Necesitamos reclamar la victoria que Dios nos ha dado mientras se hace realidad en nuestras vidas. Por ejemplo, digamos que un hijo impaciente se da cuenta de que no es la voluntad de Dios que sea impaciente, así que se arrepiente y le pide a Dios que le ayude a ser paciente. Cada vez que siente impaciencia, puede ser que diga «es que soy demasiado impaciente». Pero lo que debería decir es «Dios está obrando la paciencia en mí y cambiándome poco a poco».

Si nunca te han enseñado esto ni has oído nada parecido, puede parecerte extraño. Pero Romanos 4:17 dice que servimos a un Dios que «llama las cosas que no son como si ya existieran». Debemos hablar de acuerdo con lo que somos «en Cristo», es decir, espiritualmente, no de acuerdo con cómo nos comportamos actualmente. Hablar por fe no es decir una mentira; es declarar lo que es tuyo espiritualmente, en lo que estás creciendo en Cristo, como hijo de Dios. Nuestras palabras son poderosas, y si sigo escuchando y diciendo «soy muy impaciente», seguiré siéndolo. Pero si escucho «En Cristo, soy paciente», con el tiempo produciré lo que creo.

La mejor manera de lidiar con los cambios en tu vida es enfrentarlos con Dios y creer en Su Palabra. Él te ama y tiene un plan maravilloso para tu vida. Puedes confiar en que Dios sabe lo que está haciendo en ti y que todo saldrá bien (Romanos 8:28). El cambio a menudo duele, pero al final nos libera y nos alegra.

Preguntas

1. ¿Cómo te ha cambiado Dios?

___

___

___

2. ¿Qué significa para ti el hecho de que no puedes modificar tu historia, pero sí tu destino?

___

___

___

3. ¿Qué cambio te gustaría ver en tu vida para renunciar a lo bueno e ir por lo mejor?

___

___

___

4. ¿Cuál es el primer paso que podrías dar para que tu vida pase de ser buena a ser genial?

5. ¿Por qué es importante decir palabras llenas de fe mientras esperas que Dios produzca un cambio completo en tu vida?

CAPÍTULO 2

Dios cambia la vida de las personas

Porque yo conozco los planes que tengo para ustedes —afirma el Señor*—, planes de bienestar y no de calamidad, a fin de darles un futuro y una esperanza.*

Jeremías 29:11

Contrariamente a lo que algunos piensan, las personas sobre las que leemos en la Biblia eran gente corriente, como tú y yo. Muchos de ellos cometieron pecados graves, pero gracias al arrepentimiento y a la misericordia divina, superaron su pasado y cumplieron los propósitos de Dios para sus vidas. Cada una de las personas mencionadas en este capítulo tenía un corazón para Dios, y aunque no hicieron todo bien, Él intervino en sus circunstancias y cambió sus vidas.

Jacob estaba decidido a encontrarse con Dios, y eso lo cambió todo

Jacob, uno de los tres patriarcas, cometió muchos errores al principio de su vida. Mintió, estafó y engañó a la gente. Jacob y su hermano Esaú eran gemelos. De los dos, Esaú nació primero, lo que automáticamente le otorgó la primogenitura. Los derechos y privilegios del primogénito incluían la herencia de la autoridad de su padre y una doble porción de sus posesiones.

Jacob se aprovechó de Esaú cuando este tenía hambre. Convenció a Esaú de venderle su primogenitura por un plato de estofado (Génesis 25:29-34). Veo dos problemas con esto: Jacob se equivocó al aprovecharse de Esaú cuando estaba débil, y Esaú también se equivocó porque menospreció su primogenitura hasta el punto de estar dispuesto a venderla para comer algo. Cuando Isaac, el padre de Jacob y Esaú, era viejo y se acercaba a la muerte, su vista se debilitó. Llamó a Esaú para darle su bendición. Pero Rebeca, la mujer de Isaac y madre de los niños, convenció a Jacob para que engañara a su padre. Jacob se hizo pasar por Esaú y tomó para sí la bendición (Génesis 27:1-29).

Una vez dada la bendición, Isaac no pudo retirarla, aunque se dio cuenta de que se la había dado a Jacob en lugar de a Esaú (Génesis 27:30-40). Esaú, por supuesto, se enfadó y planeó matar a Jacob, por lo que Rebeca temió por la vida de su hijo menor (Génesis 27:41-42). Le dijo que fuera a vivir con su hermano Labán en Harán hasta que Esaú se calmara (Génesis 27:43-45). Jacob acabó quedándose en Harán durante veinte años y formando allí una familia (Génesis 31:38) hasta que se cansó de vivir con Labán y de lidiar con sus mentiras y engaños (Génesis 30:25-26; 31:7). Cuando Dios vio lo mal que Labán trataba a Jacob, determinó que algo tenía que cambiar. Dios le dijo a Jacob que regresara a su tierra natal (Génesis 31:3, 12-13). Jacob se alejó de todo, decidido a encontrarse con Dios y seguirle a partir de ese momento.

Una noche, Jacob se levantó y «tomó a sus dos esposas, a sus dos esclavas, a sus once hijos y cruzó el río Jaboc» (Génesis 32:22), un afluente del río Jordán. También envió todo lo que tenía. Cuando se quedó solo, «un hombre luchó con él hasta el amanecer» (Génesis 32:24).

El hombre con el que Jacob luchaba era el Ángel del Señor. Mientras lo hacían, Jacob se negaba a rendirse. Cuando el hombre se dio cuenta de que Jacob no le dejaba ganar, le tocó el hueco del muslo y los descoyuntó en pleno combate (Génesis 32:25).

El hombre le dijo: «¡Suéltame, que ya está por amanecer!», pero Jacob respondió: «¡No te soltaré hasta que me bendigas!» (Génesis 32:26). Para mí, esto es una poderosa imagen de la determinación de Jacob de dar un giro a su vida. En vista de que Jacob se negaba a dejarlo ir a menos que lo bendijera, el hombre le preguntó: «¿Cómo te llamas?». Respondió: «Me llamo Jacob» (Génesis 32:27). Se dio cuenta de que había tenido una voluntad fuerte y autosuficiente, y la cojera derivada del muslo descoyuntado le recordó para el resto de su vida el resultado de tratar de imponer la voluntad propia.

Así como Jacob demostró humildad al admitir la verdad sobre sí mismo, también debemos afrontar la verdad sobre nosotros mismos y nuestro comportamiento si queremos progresar en nuestra vida. Si nos engañamos sobre quién somos y cómo actuamos, no estaremos abiertos a hacer los cambios que Dios quiere sencillamente porque no nos daremos cuenta de que los necesitamos.

Enfréntate a la verdad sobre ti mismo si quieres progresar en tu vida.

El hombre (recuerda, este era el Ángel del Señor) le dijo a Jacob que ya no se llamaría Jacob, que significa «suplantador», sino que se llamaría Israel, que significa «contendiente con Dios» (v. 28). Esto se debía a que él había contendido con Dios y, porque prevaleció, ahora tenía poder con Dios y con la gente. Esto me demuestra que a Dios le gusta cuando nos negamos a darnos por vencidos. Cualquiera puede dar un giro a su vida con la ayuda de Dios, por muy mal que haya estado en el pasado, si realmente lo desea.

Puedes dar un giro a tu vida con la ayuda de Dios.

Aunque los primeros años de la vida de Jacob se caracterizaron por sus malas acciones, gracias al arrepentimiento y a su negativa a rendirse, Dios le bendijo. Caminó cojeando el resto de su vida, pero finalmente Esaú y él se reconciliaron (Génesis 33:3-4), y ambos experimentaron las bendiciones de Dios.

Esta historia nos ayuda a comprender lo misericordioso que es Dios y que, si estamos dispuestos a cambiar, podemos ser bendecidos en el futuro, independientemente de cuál haya sido nuestro pasado.

Un cambio radical en la vida de Pablo

Una de las historias de transformación más notables de la Biblia ocurre en la vida del apóstol Pablo (antes conocido como Saulo). Nació en el seno de una familia judía y fue educado por uno de los rabinos más estimados de su época. Se hizo fariseo y acabó persiguiendo a los seguidores de Jesús. Saulo no solo consintió la lapidación de Esteban, sino que el texto dice que «estaba allí, aprobando [su] muerte» (Hechos 8:1).

Según Hechos 8:3, Saulo «causaba estragos en la iglesia: entraba de casa en casa, arrastraba a hombres y mujeres y los encarcelaba». Un día, mientras Saulo aún estaba lleno de malos deseos, viajaba camino de Damasco, cuando se vio rodeado por una luz brillante y cayó al suelo. Jesús le llamó, preguntándole por qué le perseguía. Saulo reconoció que el Señor le hablaba y le preguntó: «¿Qué quieres que yo haga?» (Hechos 9:6, RVR60). Cuando Saulo se levantó y abrió los ojos, estaba ciego. Se le dieron instrucciones de ir a cierta casa donde un hombre estaría listo para ministrarle (Hechos 9:1-11).

Tres días después, Saulo recuperó la vista y se llenó del Espíritu Santo (Hechos 9:17-18). Esto lo cambió por completo. Acabó siendo uno de los mayores apóstoles de la historia cristiana y escribió gran parte del Nuevo Testamento. Pasó de perseguir a los cristianos a cambiar el mundo por la causa de Cristo.

Pablo llevó el mensaje de la salvación por la gracia mediante la fe en Cristo, y nadie podría haberlo hecho mejor porque él mismo experimentó la gracia de Dios.

Pedro se vuelve audaz

Pedro, uno de los doce discípulos de Jesús, era conocido por ser apasionado, impetuoso y de mal genio. A veces era ferozmente leal a Jesús, pero una noche negó rotundamente, tres veces, conocer a Cristo (Lucas 22:54-61). Después, sintió un amargo remordimiento por haberlo hecho (Lucas 22:62). Jesús lo perdonó, y Dios lo utilizó poderosamente (Juan 21:15-19). Poco después de haber negado a Cristo, Pedro fue lleno del Espíritu Santo (investido del poder que hace que una persona sea audaz y valiente), y predicó con tanta audacia en Jerusalén que tres mil personas fueron bautizadas y añadidas a la Iglesia en un solo día (Hechos 2:14-41).

Pedro ejerció un poderoso ministerio y escribió dos epístolas en el Nuevo Testamento: 1 Pedro y 2 Pedro. Es increíble cómo un toque de Dios puede cambiar nuestras vidas para siempre. Te insto a que ores con regularidad para estar lleno del Espíritu Santo, como lo estuvo Pedro. Cuando estamos llenos del Espíritu Santo, sentimos Su liderazgo y guía en cada área de nuestras vidas. Esto es especialmente útil cuando navegamos por las nuevas experiencias a las que nos enfrentamos ante el cambio.

David cambia de dirección dos veces

David, el rey de Israel, había caminado estrechamente con Dios toda su vida. Pero un día sucumbió a la tentación, y pecó contra Dios cuando vio a su vecina Betsabé bañándose y la deseó. Tuvo relaciones sexuales con ella, a pesar de que ambos estaban casados con otras personas (2 Samuel 11:2-4). Cuando se quedó embarazada, hizo que mataran a su marido en la batalla y la tomó como esposa (2 Samuel 11:5, 14-17, 27). El hijo que concibió murió al nacer, y David nunca dejó de estar en guerra desde entonces (2 Samuel 12:10-18). Pero Dios lo perdonó y siguió siendo rey (2 Samuel 12:13).

Dios se refirió a David como un hombre conforme a su corazón (Hechos 13:22). Aquí vemos a un hombre que tenía un corazón para Dios y una estrecha relación con Él, y aun así comete un pecado terrible. Este es un buen ejemplo que nos muestra la debilidad de la carne. David tenía una debilidad humana, pero no era malvado.

La historia del pecado de David con Betsabé comienza cuando otros reyes fueron a la guerra y David se quedó en casa (2 Samuel 11:1). Envió a Joab, el comandante de su ejército, y a todo el ejército israelita a la guerra, pero él se quedó en su palacio, lejos de la batalla. Fue entonces cuando vio a Betsabé bañándose en su azotea y le invadió la tentación (2 Samuel 11:2). Tal vez, si David hubiera estado donde debía —al frente de su ejército con el resto de los reyes— no habría pecado con Betsabé.

Hay momentos en la vida en los que, como David, nos encontramos en lugares en los que no deberíamos estar, y Satanás utiliza esas circunstancias para atraernos a la tentación.

David llegó a un punto de profundo dolor y arrepentimiento por sus acciones, y su corazón se volvió a Dios. Su oración se recoge en el Salmo 51. Dios lo perdonó, por supuesto, y lo utilizó poderosamente como líder de su pueblo. La misericordia de Dios es realmente asombrosa.

El cambio es un privilegio y un regalo

Las cosas que no cambian acaban muriendo. La capacidad de cambiar es uno de los mayores privilegios que tenemos como seres humanos, y es un don de Dios. Es parte de la forma en que Él nos hace madurar, nos da plenitud en la vida y nos impulsa hacia adelante en el desarrollo de sus planes para nosotros. Te animo a creer que el cambio puede suceder en tu vida. Basándote en Mateo 19:26, que dice que todas las cosas son posibles para Dios, comienza a decir en voz alta «Yo puedo cambiar» o «Las cosas en mi vida pueden cambiar».

Tu capacidad de cambiar es un don de Dios.

Mientras cambian, recuerda que, como creyente, no caminas solo a través de los cambios que enfrentas. El Espíritu Santo te está guiando por un camino de maravilloso crecimiento y transformación.

Todos tenemos seres queridos que nos preocupan porque no caminan con Dios, pero no debemos pensar o decir que nunca cambiarán. Dios cambió a Saulo, quien se convirtió en Pablo en un instante, y un toque de Dios puede cambiar a las personas que amas también.

Preguntas

1. ¿Qué cambios importantes ha introducido Dios en tu vida?

____

____

____

2. ¿De qué manera te relacionas con las siguientes personas en cuyas vidas intervino Dios?
   - Jacob
   - Pablo

- Pedro
- David

3. ¿Por qué el cambio puede considerarse «un privilegio y un regalo»?

4. ¿Cómo te anima Mateo 19:26 a creer que el cambio puede producirse en tu vida?

5. ¿Estás rezando por tus seres queridos que no le conocen? ¿Por quién rezas en concreto?

PARTE 2

Cómo tu mente afecta al cambio

CAPÍTULO 3

Cambiar de opinión sobre el cambio

Los que no pueden cambiar de opinión no pueden cambiar nada.

George Bernard Shaw[1]

Muchas personas se enfrentan al cambio. O bien quieren que algo cambie, pero tienen miedo, o algo está cambiando cuando ellos no quieren, así que se resisten a ello. A pesar de eso, todos podemos mentalizarnos para gestionar bien el cambio. Este es más difícil cuando llega de forma inesperada o cuando no somos nosotros quienes lo hemos planeado. A veces, otras personas deciden cambiar y eso nos obliga a cambiar a nosotros. A muchos no nos gusta que impongan las cosas. Pero cuando eso pasa, podemos elegir si nos adaptamos o nos quedamos al margen de la nueva situación.

En el capítulo 1 señalé que el primer paso en el proceso de cambio es estar dispuestos a permitir que Dios nos cambie. Otro paso importante es modificar nuestra mentalidad sobre el cambio. Nuestras mentes son poderosas. Los pensamientos que tenemos controlan la mayoría de los aspectos de nuestras palabras, nuestro comportamiento y nuestros sentimientos. La mente puede ayudarnos a hacer los cambios que necesitamos o a afrontar los que nos resultan forzados. El cambio no siempre es negativo; muchas veces es positivo, y es necesario para crecer y progresar. Creo que este dicho es cierto: «Solo un tonto piensa que siempre puede hacer lo que siempre ha hecho».

A veces tú y yo hacemos cambios y no nos importan porque la iniciativa es nuestra. Pero ¿qué ocurre cuando otra persona cambia algo y ese cambio te afecta y no te gusta? Por ejemplo, supongamos que trabajas en un lugar que te proporciona un seguro y cambian de compañía aseguradora. Si prefieres la compañía de seguros anterior, puede que te sientas molesto o incluso enfadado, pero probablemente tus emociones no harán que tu jefe reconsidere la situación. Si quieres estar tranquilo, tienes que cambiar de opinión sobre la nueva compañía y empezar a pensar: «Esto va a salir bien; solo tengo que acostumbrarme», o «Esto es lo que hay, así que no tiene sentido enfadarse por ello». También puedes agradecer que tu empresa ofrezca algún tipo de seguro, porque millones de personas no lo tienen.

Cuando no nos gusta un cambio, tendemos a juzgar a las personas que los introdujeron. Pero debemos darnos cuenta de que tienen perspectivas y responsabilidades que nosotros no tenemos, y nos toca confiar en que tienen buenas razones para hacer los cambios que hacen.

Sométete a los cambios con buena actitud.

Gran parte de nuestro disgusto por el cambio se debe a que nos resistimos a él, y podemos solucionarlo sometiéndonos a los cambios con una buena actitud. Creo que Dios nos ha creado con necesidad de cambiar a medida que pasa el tiempo. Nos aburrimos de las mismas cosas una y otra vez durante años y años, y podemos decir: «Algo tiene que cambiar», sin darnos cuenta de la importancia de poner de nuestra parte para iniciar el cambio, si es necesario, y de la importancia de transformar cualquier mentalidad negativa que tengamos al respecto.

Seguir a Cristo implica cambiar

Convertirse en cristiano es cambiar. Por ejemplo, a medida que caminamos con Dios:

- Nos volvemos positivos en lugar de negativos.
- Creemos en la Palabra de Dios en lugar de dudar de ella.
- Vivimos por fe y no según nuestros sentimientos.
- Pensamos en los demás en lugar de ser egoístas y egocéntricos.
- Nos volvemos generosos y dadivosos en lugar de aferrarnos a las cosas y ser egoístas.
- Perdonamos en lugar de guardar rencor.
- Nos volvemos amables en lugar de crueles.
- Buscamos hacer lo que Dios quiere en lugar de lo que nosotros queremos.
- Nos apoyamos en la fuerza de Dios en lugar de confiar en nuestras capacidades humanas.
- Aprendemos a confiar en Dios en lugar de enfadarnos cuando ocurren cosas que no nos gustan.

Estos son solo algunos de los cambios por hacer a medida que crece nuestra relación con Dios. Creo que puedo decir con seguridad que cuanto más capaces seamos de aceptar los cambios, más felices seremos como cristianos, porque seguir a Jesús implica hacerlos. Podemos confiar en Él mientras atravesamos cambios, porque Él siempre nos está guiando hacia una vida mejor.

La buena vida

Pues somos la obra maestra de Dios. Él nos creó de nuevo en Cristo Jesús, a fin de que hagamos las cosas buenas que preparó para nosotros tiempo atrás.

Efesios 2:10 NTV

Dios ya ha preparado una buena vida para cada uno de nosotros (Efesios 2:10), y todo lo que debemos hacer es recorrer el camino que nos lleva a ella. Esto parece muy sencillo, pero ¿por qué vivimos a menudo vidas inferiores si tenemos a nuestro alcance vidas tan buenas? Lo hacemos por nuestra forma de pensar. Proverbios 23:7 dice: «Pues como piensa dentro de sí, así es él» (NBLA). Me gusta comunicar esta idea de esta manera: «Donde va la mente, el hombre la sigue». Si mis pensamientos están llenos de miedo y temor, ¿cómo puedo caminar con fe? Y la fe es necesaria para que podamos disfrutar de la vida que Jesús nos ha proporcionado. Jesús dice que si tan solo creemos (lo que significa tener fe), veremos la gloria (bondad) de Dios (Juan 11:40). Es decir, si no creemos, no veremos la bondad de Dios. Esto implica mucho más que creer simplemente que Jesús murió por nosotros y que nuestros pecados son perdonados a través de la fe en Él. También implica creer todo lo demás que Él dice en Su Palabra. Requiere confiar cuando no entendemos.

Yo puedo creer sinceramente que Jesús murió, pagó por mis pecados, fue sepultado y resucitó de la tumba, y aun así no creer en las otras promesas de Su Palabra. De hecho, puede que ni siquiera sea consciente de lo importante que es hacerlo. Yo vivía de esta manera antes de aprender la importancia de conocer la Palabra de Dios y tener mi mente renovada en consecuencia. Una vez que aprendí lo vital que es creer todas las promesas de Dios, y una vez que comencé a hacerlo, mi vida cambió dramáticamente. Creo que lo mismo te sucederá a ti cuando tu mente sea renovada y creas personalmente las promesas que Dios nos da en Su Palabra. Confiar en Dios nos lleva a Su descanso, y ese es un lugar maravilloso para estar.

¿Cómo piensas?

¿Están de acuerdo tus pensamientos con la Palabra de Dios (Sus pensamientos), o están más en línea con el pensamiento del mundo? Verás, el mundo piensa que debemos creer lo que vemos y sentimos por encima de todo, pero Dios nos dice que creamos lo que Él promete sin importar lo que veamos o pensemos en el momento. Debemos aprender a ver con los ojos de la fe. La fe «es la certeza de lo que se espera, la convicción de lo que no se ve» (Hebreos 11:1 LBLA). Somos más que vencedores según la Palabra de Dios (Romanos 8:37), y creo que esto significa que podemos estar seguros de que tendremos la victoria sobre un problema incluso antes de tener el problema.

> *Cree siempre lo que Dios promete.*

En 2023, sufrí una lesión nerviosa en la pierna derecha y no pude utilizarla hasta que se curó. Durante ese tiempo, me rompí la pierna izquierda, por lo que tampoco podía usarla. No pude caminar en absoluto durante unos dos meses, estuve en el hospital dos veces y también en un centro de rehabilitación durante veinticuatro días. No podía dar conferencias ni hacer casi nada. Durante dos meses, básicamente estuve en tres sitios: la cama, el sillón reclinable y el baño. El simple hecho de moverme de uno de esos lugares a otro era muy difícil. Pero puedo decir que todo el tiempo, desde el principio, creí que me pondría completamente bien y que Dios se ocuparía de todo. Y así fue. Me recuperé y estoy bien.

Todos nos enfrentamos a pruebas en la vida, y por lo general son imprevistas. Lo que creemos durante esas pruebas puede afectar nuestro nivel de alegría mientras las atravesamos e influir en cuánto durarán y cuál será el resultado. Lo que crees (piensas) es probablemente más importante de lo que piensas.

Si queremos cambiar, la Biblia nos dice que debemos ser renovados constantemente en el espíritu de nuestra mente, en «los pensamientos y las actitudes» (Efesios 4:23 NTV). Si quieres que algo cambie, primero debe cambiar tu forma de pensar.

Cuando David se enfrentó a Goliat, dudo que se pusiera delante de él pensando: *Oh, es mucho más grande que yo. Él es un soldado entrenado, y yo soy un pastor. Todo el mundo me ha dicho que no puedo hacerlo, y si lo intento, probablemente fracasaré*. En cambio, creo que David pensó en las victorias que Dios le había dado en el pasado cuando mató a un león y a un oso (1 Samuel 17:36). Estoy seguro de que pensó en

Dios y creyó que Dios le daría la victoria si daba un paso al frente con fe en lugar de acobardarse.

Cuando David vio a Goliat y observó cómo los soldados le temían, dijo: «¿Quién es este filisteo incircunciso, que se atreve a desafiar a los ejércitos del Dios viviente?» (1 Samuel 17:26). David creía que podía vencer a Goliat porque sabía que Dios estaba con él. Y efectivamente lo venció, con una honda y una piedra lisa (1 Samuel 17:40, 49). David creyó lo que no tenía sentido para la mente natural. Tenía fe y creía que Dios era fiel y le daría la victoria. Creyó que tenía la victoria antes de que comenzara la batalla. Era más que un vencedor (Romanos 8:37).

La Biblia incluye muchos relatos de personas que creyeron en la fidelidad de Dios frente a circunstancias imposibles. Su fe venció sus circunstancias.

- José creía que Dios podía sacar algo bueno de una situación mala, injusta y dolorosa (Génesis 37-50).
- Daniel creía que no lo dejarían solo en el foso de los leones (Daniel 6:10-24).
- Una mujer que llevaba doce años enferma creyó que podía ser curada, y mientras trataba de llegar hasta Jesús, ella no dejaba de pensar y decir: «Si logro tocar siquiera su manto, quedaré sana» (Marcos 5:28).
- Sara creía que tendría un hijo, aunque ya había superado con creces la edad fértil (Hebreos 11:11).

En el libro de Nehemías del Antiguo Testamento, leemos que Jerusalén estaba en ruinas tras el exilio babilónico. Las murallas de la ciudad habían sido derribadas, por lo que el pueblo no tenía protección contra sus enemigos. Nehemías vivía entonces en Persia, pero se enteró de la devastación de Jerusalén y creyó que los muros podían reconstruirse (Nehemías 1:3; 2:17-18). Con gran perseverancia, él y un grupo de hombres los reconstruyeron (Nehemías 6:15). A menudo miramos a las personas de la Biblia como si fueran seres sobrehumanos, pero eran personas corrientes como tú y como yo, y eligieron creer en Dios por encima de sus circunstancias.

Las personas que he mencionado en esta sección y muchas otras cuyas historias se recogen en la Biblia, creían cosas que parecían imposibles. Sus pensamientos concordaban con la Palabra de Dios. Y la Palabra nos dice que «para Dios todo es posible» (Mateo 19:26); por lo tanto, no debemos permitirnos meditar en pensamientos que digan: «Eso es imposible». Según Filipenses 4:13, cuando estamos en Cristo, podemos hacer todas las cosas a través de Él porque Él nos da fuerza. Cualquier cosa y cualquier persona puede cambiar.

No te permitas pensar «Eso es imposible».

Cambia tu forma de pensar para que concuerde con la forma de pensar de Dios (Su Palabra) si quieres vivir y disfrutar de Su buen plan para tu vida y navegar los cambios que Él te trae mientras continúas cumpliendo Sus propósitos.

Preguntas

1. ¿Por qué es importante «cambiar de opinión» sobre el cambio?

____

____

____

2. ¿Cuándo has iniciado un cambio positivo en tu vida y te has sentido feliz con el resultado?

____

____

____

3. ¿Cuándo te ha obligado alguien a cambiar y cómo te ha afectado?

____

____

____

4. ¿Cuál de estos cambios estás experimentando al seguir a Cristo?
   - volverse positivo en lugar de negativo,
   - creer en la Palabra de Dios en lugar de dudar,
   - vivir por fe y no según tus sentimientos,
   - pensar en los demás en lugar de ser egoísta y egocéntrico,

- ser generoso en lugar de aferrarse a las cosas y ser egoísta,
- perdonar en lugar de guardar rencor,
- ser amable en lugar de cruel,
- tratar de hacer lo que Dios quiere en lugar de lo que tú quieres,
- apoyarte en la fuerza de Dios en lugar de confiar en tus capacidades humanas,
- aprender a confiar en Dios en lugar de enfadarte cuando ocurren cosas que no te gustan.

5. ¿Qué situación aparentemente imposible necesitas que Dios cambie en tu vida? ¿De qué manera las historias y los relatos de este capítulo te ayudan a fortalecer tu fe en que Dios es capaz de hacer lo imposible?

____

____

____

CAPÍTULO 4

La clave de la transformación

La Biblia es la carta de navegación de Dios para que te guíes por ella, para alejarte del fondo del mar y para mostrarte dónde está el puerto y cómo llegar a él sin tropezar con rocas.

Henry Ward Beecher[2]

La palabra *transformado* significa «cambiar completamente la apariencia o el carácter de algo o de alguien, especialmente de modo que esa cosa o persona mejore»[3]. Puedo decir sin dudarlo que he sido transformada. Hoy soy una persona radicalmente distinta de la que era hace cuarenta y siete años. Cuando pienso o hablo de mi infancia y de todos los abusos que sufrí, siento que no hablo de mí, sino de alguien que conocí hace mucho tiempo. Esa persona murió con Cristo y ha resucitado a una vida nueva.

Suelo decir que Dave ha estado casado con unas veinte mujeres diferentes, porque se casó conmigo cuando yo era un desastre y me ha acompañado a lo largo de mi viaje de cambio, que se ha producido por etapas. En el momento en que Dave se acostumbra a mí de una manera, Dios me cambia de nuevo, y él debe conocer una versión diferente —aunque mejor— de mí.

Dios te cambiará a ti también si se lo permites. Cada uno de nosotros tiene libre albedrío, y Dios no nos obligará a hacer nada. Él nos dice en Su Palabra lo que es bueno para nosotros y cuál es Su plan, y Él quiere que usemos nuestro libre albedrío para escoger Su voluntad.

Muchos de los cambios en mí han involucrado el quebrantamiento de la voluntad propia y la rebelión hacia la autoridad masculina debido a las formas en que los hombres abusaron de mí. El control fue probablemente lo que más me costó soltar porque tenía miedo de que, al no tenerlo, me hicieran daño. Puede que a ti también te cueste el querer tener el control. Pero ahora me doy cuenta de que tratar de controlar a todos y todo en mi vida es un trabajo duro, y me alegro de que Dios me haya ayudado a ver que no me corresponde hacerlo. Él tiene el control, y si luchamos contra ese hecho, siempre estaremos frustrados y en combate. Luchar contra Dios es una batalla perdida.

La transformación o el cambio completo se producen poco a poco, y es algo con lo que debemos comprometernos de por vida. Yo todavía estoy cambiando, y todavía necesito cambiar más. No todo es fácil, pero he aprendido que cuanto antes nos sometamos a la voluntad de Dios, menos nos dolerá. La voluntad propia en nosotros debe morir para que la vida de Cristo pueda vivir en nosotros. Pablo escribe: «ya no vivo yo, sino que Cristo vive en mí» (Gálatas 2:20). No tenemos que luchar tratando de conseguir lo que queremos porque Dios nos dará lo que es correcto para nosotros si nos deleitamos en Él (Salmo 37:4).

La transformación se produce poco a poco, por lo que debes comprometerte con ella de por vida.

Yo era una persona rota y disfuncional cuando finalmente empecé a dejar que Dios obrara en mí, y así como una oruga se transforma en una hermosa mariposa, única en su tipo, Dios me ha transformado. Dios ha trabajado para cambiarme de muchas maneras y me ha enseñado muchas lecciones a través de cada uno de estos cambios.

Espero que lo que comparto en este libro sobre la transformación que Dios ha hecho en mí sea un gran estímulo para ti. Lo que Dios hace por una persona lo hará por otra, si tan solo creemos y vivimos de acuerdo con Su Palabra.

La transformación pasa por la renovación de la mente

En el capítulo anterior, hice hincapié en la importancia de cambiar nuestra forma de pensar para que concuerde con la forma de pensar de Dios representada en Su Palabra. En nuestra relación con Dios, aprender a renovar —o cambiar— nuestra mente es vital si queremos afrontar de buena manera los cambios que pueden producirse en nuestra vida. De hecho, es la clave de la transformación. Romanos 12:2 (NTV) dice:

> No imiten las conductas ni las costumbres de este mundo, más bien dejen que Dios los transforme en personas nuevas al cambiarles la manera de pensar. Entonces aprenderán a conocer la voluntad de Dios para ustedes, la cual es buena, agradable y perfecta.

Creo que esta escritura enseña que, si queremos experimentar la buena voluntad de Dios para nuestras vidas, debemos aprender a pensar como Él piensa. Su Palabra representa pensamientos. Por lo tanto, debemos aprender la Palabra y dejar que el Espíritu Santo trabaje con nosotros para transformar (cambiar o renovar) nuestras mentes.

Durante años, escuché sermones y oí hablar de la buena vida que Dios quiere que tengamos como cristianos. Él quiere que vivamos con paz y alegría, creciendo en todas las áreas: espiritual, mental, física, emocional, financiera y social, entre otras. Yo estaba de acuerdo con esto porque está basado en Juan 10:10 y 3 Juan 2, pero no lo estaba experimentando en mi vida diaria. No sentía que estuviera creciendo espiritualmente, o si lo estaba haciendo, el crecimiento era extremadamente lento. Me preocupaba, tenía miedo y temía hacer muchas de las cosas que necesitaba hacer. Estaba cansada y a menudo no me sentía bien. Era emocionalmente inestable y mis estados de ánimo fluctuaban porque permitía que mis circunstancias los dictaran. Tuve algunos buenos momentos, pero parecían interrumpidos con frecuencia por trivialidades y dificultades. Nuestra familia pasaba apuros económicos y aunque podíamos pagar las facturas, vivíamos de cheque en cheque, y a menudo necesitábamos un milagro de Dios para cubrir gastos inesperados, a pesar de que diezmábamos fielmente (dábamos el 10 por ciento de nuestros ingresos a la obra de Dios). Socialmente, muchos amigos nos rechazaron cuando empecé a enseñar la Palabra de Dios porque pensaban que yo era orgullosa y estaba fuera de la voluntad de Dios. Esto fue en 1976, cuando solo un puñado de mujeres enseñaban la Biblia, y la gente no lo aceptaba fácilmente. En medio de todo esto, yo seguía oyendo que Dios quiere cosas buenas para su pueblo.

Aunque veía en la Palabra de Dios que Jesús murió para que tuviéramos vida y la tuviéramos en abundancia (Juan

10:10), mi pensamiento se basaba en mis circunstancias, no en Su Palabra. Sentía que toda mi vida había sido de miseria, miedo y problemas con los que lidiar, uno tras otro. Así era como pensaba, y hasta que aprendí la importancia de permitir que mi mente se renovara de acuerdo con la Palabra de Dios, no tenía ni idea de que mi pensamiento —o mi vida— podían cambiar.

El cambio en tu vida comienza con el cambio de tus pensamientos.

Nuestras formas de pensar están arraigadas en nosotros. Hemos estado practicándolas muchos años y, aunque queramos cambiar nuestra mente, hacerlo requiere tiempo y práctica. También requiere dedicación al estudio, confesión y meditación de la Palabra de Dios. Es importante recordar que el cambio en nuestra vida comienza con el cambio en nuestro pensamiento.

Puede que pienses, como yo pensé una vez, que no puedes hacer nada con lo que piensas. Los pensamientos vienen a tu mente, y los aceptas como tuyos, pero muchos de ellos son puestos allí por el diablo. Cualquier cosa que no esté de acuerdo con la Palabra de Dios debe ser desechada por nosotros y reemplazada con algo que esté en la Palabra de Dios. A medida que aprendas a reconocer las mentiras de Satanás, experimentarás más y más victoria.

El Espíritu Santo nos ayuda

A medida que aprendamos la Palabra de Dios, el Espíritu Santo nos la recordará cuando tengamos pensamientos impíos. Por ejemplo, si alguien me ha lastimado, y yo pienso en lo que me hicieron y lo molesta que estoy, y hago planes para apartar a esa persona de mi vida de manera que no me pueda lastimar de nuevo, el Espíritu interrumpirá este tren de pensamiento y me recordará que Dios quiere que perdone y rece por mis enemigos (Mateo 5:44; Marcos 11:25). Llegados a este punto, tengo que tomar una decisión: ¿obedeceré a Dios o dejaré que mis sentimientos me lleven a mi propio camino? Mi mente no renovada me dice que perdonarlos no sería justo, pero la Palabra de Dios dice que debo confiar en que Él será mi Vindicador (Romanos 12:19). Él se asegurará de que yo sea recompensada por la decisión de obedecerle en lugar de hacer lo que yo quiera (Lucas 11:28).

Ser obediente a Dios y seguir Su voluntad y no a nuestros deseos personales es la clave para vivir una vida cristiana exitosa. Cada vez que un área de nuestras vidas necesita un ajuste, tenemos que hacer algo diferente a lo que hacemos actualmente. Se requiere un cambio. Queremos que nuestras circunstancias cambien, pero a menudo el cambio tiene que empezar en nosotros.

Tal vez esté planeando una compra importante, como una casa o un coche nuevo, pero no he orado al respecto y ni siquiera he reconocido a Dios en mi plan. Me siento escéptica cuando el Espíritu Santo me recuerda que necesito orar sobre la compra antes de hacerla. Puede que no quiera rezar porque tengo miedo de no conseguir lo que quiero, así que tengo que tomar una decisión: ¿rezaré y elegiré la voluntad de Dios, aunque no sea lo que yo quiero, o seguiré adelante con mis propios deseos y simplemente haré lo que me plazca?

Si decidimos rendir nuestra voluntad a Dios, nuestras vidas pueden ser maravillosamente gloriosas. Pero admito que pensar en pasarnos toda la vida sin saber nunca si conseguiremos nuestros deseos, puede ser un poco aterrador. Al menos, así piensa la persona natural. La experiencia con Dios nos enseña que Su voluntad es siempre la mejor. Puede que al principio no lo creamos así, pero el tiempo nos enseña que sí lo es. Muchas veces, Dios nos da lo que queremos, pero si no lo hace, es porque tiene algo mejor en mente y está esperando a que nos pongamos de acuerdo con Él.

Los pensamientos son poderosos

> Las armas con que luchamos no son del mundo, sino que tienen el poder divino para derribar fortalezas. Destruimos argumentos y toda altivez que se levanta contra el conocimiento de Dios, y llevamos cautivo todo pensamiento para que obedezca a Cristo.
>
> 2 Corintios 10:4-5

Los pensamientos que están de acuerdo con el verdadero conocimiento de Dios (Su Palabra) son armas de guerra, y derriban las fortalezas mentales (áreas dominadas por un enemigo, en el caso del creyente, Satanás) construidas en nuestra mente antes de que conociéramos la verdad de la Palabra de Dios.

La segunda carta de Corintios 10:4-5 demuestra que podemos hacer nuestro propio pensamiento. No tenemos que pensar lo que nos caiga en la mente; podemos desechar (rechazar) los pensamientos impíos y sustituirlos por pensamientos piadosos.

Se nos ha dado la mente de Cristo, y con ella sus sentimientos y propósitos (1 Corintios 2:16). Y puesto que la mente de Cristo está en nosotros, podemos pensar de acuerdo con ella si así lo decidimos. Pablo escribe que «La mente gobernada por la carne es muerte, mientras que la mente que proviene del Espíritu es vida y paz» (Romanos 8:6).

Presta atención al estado de tu mente

Mientras te enfrentas a los cambios en tu vida, presta atención al estado de tu mente. ¿Está confusa o en paz, preocupada, pasiva, ocupada, decidida, fragmentada, con doble ánimo, crítica, suspicaz, positiva, negativa o llena de condenación? ¿Tus pensamientos ministran vida o muerte? ¿Está tu mente concentrada o divagando? Nuestra mente puede estar en varias condiciones, y debemos asegurarnos de que esté llena de buenos pensamientos que nos ministren vida y poder.

Mantener la agudeza mental y la concentración es importante. ¿Eres capaz de concentrarte en lo que estás haciendo? Mucha gente no lo es.

> Un artículo afirma que «la capacidad de atención humana media es de 8.25 segundos. La capacidad de atención puede oscilar entre 2 segundos y 20 minutos. La capacidad de atención humana media disminuyó casi un 25 % entre los años 2000 y 2015. Los seres humanos prestan menos atención que las carpas doradas (9 segundos)»[4].

Creo que podemos aumentar nuestra capacidad de atención si nos concentramos en lo que estamos haciendo y nos negamos a distraernos. Necesitaremos la ayuda de Dios para ello, pero es posible.

Prepárate para la transformación

Cuanto más renueves tu mente de acuerdo con la Palabra de Dios, mejor equipado estarás cuando enfrentes los cambios. Dios no hace nada al azar, y cuando Él trae o permite cambios en nuestra vida, es con un propósito, y es para bien. A medida que crecemos en el conocimiento de Su Palabra y pensamos de acuerdo con Sus pensamientos, también crecemos en nuestra capacidad de navegar el cambio de manera positiva y productiva.

Preguntas

1. Basándote en el significado de la palabra *transformado*, ¿cómo te ha transformado Dios a ti?

___

___

___

2. Explica por qué la mente es la clave de la transformación y por qué «el cambio en nuestra vida comienza con el cambio en nuestro pensamiento».

___

___

___

3. ¿Cómo evaluarías el estado de tu mente en este momento y qué debe cambiar en tu forma de pensar?

___

___

___

4. ¿Cómo nos ayuda la Palabra de Dios a afrontar los cambios que se nos presentan en la vida?

___

___

___

CAPÍTULO 5

Ajusta tu actitud

Si algo no te gusta, cámbialo. Si no puedes cambiarlo, cambia de actitud.

Maya Angelou[5]

Nuestra actitud es la lente a través de la cual vemos el mundo. Expresa nuestros pensamientos vueltos del revés, y el apóstol Pablo escribe que debemos «ser renovados en la actitud de [nuestra] mente» (Efesios 4:23). Los pensamientos pueden ser privados, pero las personas que nos rodean pueden ver nuestra actitud. Si tengo una actitud negativa, significa que estoy pensando en lo que no me gusta de mi vida, en lo que no tengo o en otras situaciones negativas. Si tengo una actitud positiva, significa que pienso en todas las cosas buenas de mi vida, en lo agradecido que estoy por ellas y en lo feliz que soy. Creo que cada uno de nosotros tiene más cosas buenas que malas en su vida. Simplemente tenemos que verlas y pensar en las cosas buenas en lugar de en las malas.

Piensa en las cosas buenas de tu vida en lugar de en las malas.

Actitudes que pueden ayudarnos a afrontar el cambio

Nuestra actitud marca una gran diferencia en la forma en que afrontamos el cambio. Una actitud positiva hacia el cambio nos ayudará a manejarlo bien, mientras que una actitud negativa probablemente nos causará dificultades. Aunque debemos esforzarnos por mantener una actitud general positiva hacia el cambio, una parte del Sermón de la Montaña de Jesús, llamada las Bienaventuranzas (Mateo 5:1-12), señala varias actitudes específicas que debemos tener.

En las Bienaventuranzas, Jesús nos enseña ocho maneras de ser bendecidos. Me gusta referirme a ellas como «las buenas actitudes» porque nos ayudan a ver cómo debemos ser y qué actitudes necesitamos si queremos vivir una vida bendecida. Algunas personas no creen que el cambio sea una bendición, pero lo es. Es un aspecto saludable y positivo de crecer, de llegar a ser todo lo que Dios quiere que seamos y de ser capaces de hacer todo lo que Él quiere que hagamos. Tú puedes ser bendecido en medio del cambio. Este es el deseo de Dios, y una buena actitud te ayudará a hacerlo.

Leemos en las Bienaventuranzas varias cualidades que la gente necesita para agradar a Dios y disfrutar de la vida. De hecho, dice que las personas que desarrollen estas cualidades serán bendecidas. En Mateo 5:3, una versión en inglés de las Escrituras titulada *Amplified Bible, Classic Edition* [Biblia Amplificada, Edición Clásica] amplía el significado de la palabra *bienaventurado* de esta manera: «felices, dignos de ser envidiados, y espiritualmente prósperos con gozo de vida y satisfacción en el favor de Dios y la salvación, sin importar sus condiciones externas». Estoy bastante segura de que todos queremos que esta descripción se aplique a nosotros, y la Palabra de Dios nos dice cómo.

Mansedumbre (Mateo 5:5)

Una respuesta típica de muchas personas cuando se enfrentan a un cambio es resistirse a él, sobre todo si no lo han iniciado. Inmediatamente piensan: *No quiero hacer esto a la manera de otro. ¡Quiero seguir haciéndolo a mi manera!* Este tipo de pensamiento representa una actitud orgullosa que solo hace que la gente sea terca y resistente al cambio. Cuando tenemos una actitud de mansedumbre, estamos abiertos al cambio y dispuestos a probar algo nuevo o diferente, dándonos cuenta de que puede salir bien.

> *Mantente abierto al cambio, consciente de que puede salir bien.*

En las Escrituras, leemos más sobre ser humilde que sobre ser manso, pero las actitudes de mansedumbre y humildad son similares. Cuando pienso en ellas, me viene a la mente 1 Pedro 5:6: «Humíllense, pues, bajo la poderosa mano de Dios para que él los exalte a su debido tiempo». Cuando somos mansos y humildes, confiamos en Dios. No tomamos los asuntos en nuestras propias manos, incluso cuando no entendemos los cambios que están ocurriendo. La primera carta de Pedro 5:7 dice: «Pongan todas sus preocupaciones y ansiedades en las manos de Dios, porque él cuida de ustedes». Cuando nos preocupamos, significa que creemos que podemos resolver nuestros propios problemas si pensamos en ellos el tiempo suficiente. Eso no es ser manso y humilde.

Jesús era manso y humilde. No tenía que ir a la cruz y sufrir como lo hizo, pero eligió hacerlo porque sabía que era la voluntad de Dios. En Mateo 11:29 dice que debemos tomar Su yugo y aprender de Él porque Él es «manso y humilde de corazón» (RVR60). Creo que podemos decir que vemos pocas personas con tales actitudes en nuestro mundo de hoy.

Ayer, cuando nuestra hija aparcó el coche en el supermercado, se cruzó accidentalmente con otro coche que no vio. El hombre al que le cortó el paso la siguió, aparcó su coche, se bajó y le gritó. Ella se disculpó, dijo que lo sentía mucho y explicó que no lo había visto. Él siguió gritándole y le dijo que era una mentirosa. No estaba siendo manso ni humilde. Debía de ser una persona muy amargada. Descargó su ira contra ella, pero dudo que ella fuera la única fuente de esa ira. El mundo está lleno de gente enfadada, y creo que mucho de esto se debe a que instintivamente la gente sabe que algo va mal en nuestro mundo de hoy y todavía no ha encontrado la respuesta en Jesús.

> *Vístete de mansedumbre y humildad como lo harías con tu ropa.*

Según 1 Pedro 5:5, debemos revestirnos de humildad. En otras palabras, debemos llevar la humildad como un vestido. Del mismo modo que nos vestimos deliberadamente, también debemos vestirnos deliberadamente de mansedumbre y humildad. Estas actitudes van en contra de la naturaleza humana, pero son posibles para la persona que ha recibido a Jesús y cuenta con la ayuda del Espíritu Santo.

Proverbios 16:18 dice: «El orgullo va delante de la destrucción, y la arrogancia antes de la caída» (NTV). Esta escritura nos dice claramente que cuando experimentamos la destrucción o el fracaso, a menudo es fruto del orgullo y de un espíritu altivo, lo opuesto a la mansedumbre. Dios da gracia a los humildes, pero resiste a los soberbios (Santiago 4:6).

El relato del rey Nabucodonosor de Babilonia es un ejemplo perfecto de cómo la humildad trae bendiciones, pero el orgullo trae destrucción. En Daniel 4:1-37, leemos que el rey Nabucodonosor dio a Dios toda la alabanza y la gloria por sus éxitos. Estaba en su palacio, contento, próspero y tranquilo. Pero un año después, empezó a atribuirse el mérito de todas las cosas buenas que Dios estaba haciendo durante su reinado (Daniel 4:30). Como resultado, perdió su dignidad de rey y vagó como un animal salvaje por el desierto hasta que recobró la razón, volvió a Dios y comenzó a glorificarlo de nuevo (Daniel 4:37). Dios le devolvió su honor y esplendor, y su reino fue aún más grande que antes. Una vez más, vemos la gran misericordia de Dios. Nabucodonosor pecó, pero tan pronto como se arrepintió, Dios lo perdonó y lo bendijo más que antes. Esto debería ser alentador para cualquiera que haya pecado y pueda erróneamente creer que no puede ser perdonado o que su vida nunca será tan buena como antes.

Cada día nos ofrece oportunidades para tener una actitud mansa y humilde. Cuando el cambio llega a tu vida, puedes elegir resistirte a él o puedes elegir afrontarlo con humildad y mansedumbre, confiando en que Dios sabe exactamente lo que es mejor para ti y te está guiando a través de cada cambio mientras cumple Su buen plan para tu vida. Andrew Murray escribió que la humildad «debe ser objeto de oración especial».[6] Es una de las actitudes más difíciles de alcanzar y mantener. Pero todo es posible para Dios (Mateo 19:26).

Misericordia (Mateo 5:7)

Tener una actitud misericordiosa, que implica ser amoroso, amable y perdonar a los demás. Es ser como Cristo, y eso trae una bendición. Proverbios 11:17 dice: «El hombre misericordioso se hace bien a sí mismo, pero el cruel a sí mismo se hace daño» (LBLA). Si tenemos una actitud misericordiosa hacia los demás, se nos mostrará misericordia (Mateo 5:7). Cualquiera puede juzgar, pero la misericordia es mayor que el juicio (Santiago 2:13).

Dios es rico en misericordia por el gran amor con que nos ama (Efesios 2:4-5). Como creyentes en Jesús, la Palabra de Dios nos instruye una y otra vez que amemos a los demás (Marcos 12:31; Juan 13:34; Romanos 13:8). Si los amamos, les mostraremos misericordia. Cuando obedecemos la Palabra de Dios y Su voluntad, nuestros corazones se llenan de gozo y paz. Pero cuando no lo hacemos, se sienten pesados y agobiados, culpables y condenados.

Una forma de mostrar misericordia es perdonar cuando creemos que quien nos ha hecho daño está equivocado y no merece ser perdonado. Todos cometemos errores con frecuencia —a veces pequeños y a veces grandes— y necesitamos misericordia. Si no estamos dispuestos a mostrar misericordia a la gente, viviremos vidas miserables y solitarios. Podemos justificarnos cuando nos negamos a mostrar misericordia, pero la verdadera justificación solo viene de Dios.

> *Muestra piedad, o vivirás una vida miserable y solitaria.*

Cuando la gente nos ofende o nos hace daño, podemos calmarnos meditando en la ofensa de la otra persona, pero es gloria del hombre pasar por alto las ofensas (Proverbios 19:11). Tal vez pensemos que, si mostramos misericordia, estamos invitando a la persona que nos lastimó a hacerlo de nuevo, pero siempre debemos confiar en Dios en tales situaciones. Si la gente sigue haciéndonos daño una y otra vez, Dios se ocupará de ellos. Dios siempre cuidará de nosotros si estamos dispuestos a hacer las cosas a Su manera. Cualquiera puede ser severo y duro de corazón, pero solo alguien que está lleno del Espíritu de Dios puede mostrar misericordia y bondad a alguien que no lo merece. Mostrar perdón y misericordia a alguien no siempre significa restaurar una relación, especialmente si la parte ofensora es abusiva. Significa que nuestra actitud hacia ellos cambia y que oramos por ellos. La gente que sufre hace daño a la gente, y si recordamos esto, es más fácil ser misericordioso.

La misericordia de Dios me asombra. Podemos hacer las cosas más horribles, pero debido a Su misericordia, el arrepentimiento sincero nos devuelve a Dios como si nunca hubiéramos hecho nada malo. Dios quiere que demostremos a los demás la misma actitud de misericordia que Él tiene con nosotros.

El arrepentimiento sincero nos devuelve a Dios.

Pureza de corazón (Mateo 5:8)

Un corazón puro no tiene motivos egoístas. Las personas que son puras de corazón no hacen nada para llamar la atención o para poner a otros en deuda con ellos. Ya sea que trabajen duro, muestren bondad, den regalos, hagan buenas obras u oren, hacen estas cosas con humildad y sinceridad, no para ser vistos o bien estimados. Las hacen porque aman a Dios y quieren hacer lo que Jesús haría en situaciones similares.

Las personas de corazón puro hacen todo con motivos puros. Dan para dar, no para recibir. Hacen todo lo que hacen como si lo hicieran para el Señor, y no para para complacer a la gente. Aquellos con actitudes de corazón puro buscan a Dios por lo que Él es, no por lo que Él puede hacer por ellos. Buscan Su rostro (es decir, Su presencia), no Su mano (es decir, lo que Él puede hacer por ellos).

Mantener un corazón puro requiere diligencia constante porque el corazón es engañoso sobre todas las cosas (Jeremías 17:9). Cuando nacemos de nuevo, Dios nos da un corazón nuevo, y pone Su Espíritu en nosotros, pero debemos operar desde ese corazón y no permitir que la vieja naturaleza (en la que vivíamos antes de recibir a Cristo) nos controle. Vivir con un corazón puro requiere tomar continuamente decisiones piadosas. El Espíritu Santo nos ayudará haciéndonos conscientes de cualquier motivo equivocado que tengamos si así lo deseamos, pero depende de nosotros seguir Su guía. Él no violará nuestro libre albedrío ni nos obligará a hacer lo correcto.

David oró por un corazón limpio: «Crea en mí, oh Dios, un corazón limpio, y renueva un espíritu firme dentro de mí» (Salmo 51:10). Y Pablo escribe que nuestra meta debe ser el amor que proviene de un corazón puro y una buena conciencia (1 Timoteo 1:5). Al aceptar el proceso de cambio, ruego que lo hagas con un corazón puro y que coseches los beneficios y las bendiciones de esta actitud piadosa.

Vivir con un corazón puro requiere tomar decisiones piadosas.

El cambio no suele ser fácil, pero una actitud positiva como las mencionadas en este capítulo, te ayudará a afrontarlo con éxito.

Preguntas

1. ¿Cómo piensa una persona con una actitud negativa? ¿Cómo piensa una persona con una actitud positiva?

____

____

____

2. ¿Cómo puedes incorporar a tu vida las tres «actitudes» mencionadas en este capítulo?

____

____

____

3. ¿Cuándo alguien te ha mostrado misericordia? ¿Cómo te has sentido?

___

___

___

4. ¿Quién necesita que le muestres misericordia en este momento y cómo lo harás?

___

___

___

CAPÍTULO 6

Mantente en paz

No pierdas tu paz interior por nada en absoluto, aunque todo tu mundo parezca alterado.

San Francisco de Sales[7]

Jesús dice en Mateo 5:9: «Bienaventurados los pacificadores, porque ellos serán llamados hijos de Dios» (RVR60). Cuando vivimos con una actitud serena y pacífica que busca la paz en nuestro interior y la paz en la atmósfera que nos rodea, somos realmente bendecidos. Los tiempos de cambio pueden ser inquietantes en muchos sentidos, y los atravesaremos mucho mejor si nos mantenemos en paz interiormente y nos convertimos en pacificadores de las situaciones que nos rodean.

Viví muchos años de mi vida sin paz porque me permitía enfadarme cuando las cosas no salían como yo quería. La gente y las circunstancias que me molestaban me enfadaban, y la gente enfadada no disfruta de la paz. Quería que mis circunstancias fueran pacíficas, pero al final me di cuenta de que era yo quien tenía que estar en paz, incluso en circunstancias desagradables.

Jesús dice que Él nos da Su paz; no una paz como la que da el mundo, sino Su paz (Juan 14:27). Esta paz está presente en medio de las peores circunstancias. Porque Él nos da Su paz, debemos dejar de estar «angustiados», y no debemos acobardarnos o tener miedo. En otras palabras, no debemos permitirnos estar alterados, aunque tengamos la tentación de hacerlo cuando las cosas están cambiando en nuestras vidas.

Dios nos ha dado lo que necesitamos para vivir en paz, pero debemos acceder a ello y calmar nuestras almas cuando están agitadas por la ira, la preocupación o el miedo. Podemos hacerlo pensando en la liberación de Dios en lugar de en nuestros problemas. También podemos hacerlo recordando victorias pasadas. Cuando te enfades, habla contigo mismo y recuérdate que estar enfadado no te hará ningún bien, sino que probablemente te hará mucho daño. Cuando estamos agitados, nos estresamos, nos cansamos y a menudo enfermamos. Además, podemos decir cosas de las que luego desearíamos retractarnos.

Cuando atravesamos cambios, podemos sentirnos más emocionales de lo habitual, y las emociones fuera de control son peligrosas. Pero con la ayuda de Dios, podemos recuperar la paz y ser estables en lugar de erráticos.

Cuando un problema perturbe la paz con otra persona, no dudes en disculparte. Creo que la persona que se disculpa primero suele ser la más fuerte espiritualmente. Si en este momento de tu vida hay un conflicto entre otra persona y tú, ¿por qué no solucionarlo ahora? Sé el pacificador y da el primer paso para restablecer la paz en tus relaciones. Esto requiere humildad porque el conflicto puede no ser tu culpa, pero ser un pacificador es un signo de madurez espiritual. Romanos 12:18 nos dice: «Si es posible, y en cuanto dependa de ustedes, vivan en paz con todos». No podemos obligar a la gente a estar en paz con nosotros, pero podemos elegir estar en paz con ellos. Mereces la paz, así que ¿por qué no accedes a la paz que Jesús te ha dado?

> *Mereces la paz, así que accede a la paz que Jesús te ha dado.*

Isaías 26:3 dice de Dios: «Tú guardas en completa paz a aquel cuyo pensamiento en ti persevera; porque en ti ha confiado» (RVR60). Basándome en este versículo, creo que los pensamientos que nos permitimos determinan nuestro nivel de paz. Por eso te digo que hables contigo mismo cuando estés disgustado. Puedes convencerte de estar molesto pensando cosas molestas, y puedes convencerte de estar en paz pensando cosas pacíficas.

La primera carta de Pedro 3:11 dice que debemos apartarnos del mal, buscar la paz y perseguirla. Esta escritura ha tenido un efecto poderoso en mi vida. Me ayudó a darme cuenta de que la paz no es una experiencia automática; hay que buscarla. Ni siquiera podemos simplemente rezar por ella; debemos hacer las cosas que la causarán. Si no estoy en paz, puede haber varias razones para mi malestar. Tal vez hay un pecado oculto en mi corazón, y necesito hablar de ello con Dios. O tal vez estoy haciendo algo fuera de la voluntad de Dios. Puedo estar enojado con alguien y necesito perdonarlo, o puedo estar frustrado porque algo no salió como yo quería, y necesito confiar en Dios en esa circunstancia. Tal vez he oído malas noticias o estoy disgustado por algo que le ha sucedido a alguien. Siempre podemos encontrar el camino de regreso a un estado de paz si seguimos la guía del Espíritu Santo. En lugar de preocuparnos y angustiarnos por nuestros problemas, debemos orar por ellos y dar gracias por todas las bendiciones maravillosas que tenemos en nuestras vidas. Entonces la paz llenará nuestros corazones (Filipenses 4:6-7).

No dejes que nada te robe la paz

Sin duda, la paz es muy valiosa para nosotros, en particular cuando todo cambia a nuestro alrededor y nos sentimos inseguros o nos preguntamos si todo saldrá bien. Yo diría que la paz es preciosa y que debemos guardarla con diligencia. La vida es miserable sin paz. Diversos pensamientos, emociones y actitudes pueden robarnos la paz si se lo permitimos. Entre ellos están la ira y la preocupación, de las que ya hablé en el capítulo anterior. También están el miedo y las emociones como los celos y la amargura. Creo que la mayoría de nosotros reconocemos que todas son amenazas para nuestra paz.

Antes de terminar este capítulo, quiero mencionar dos actitudes que no se suelen considerar como las que nos roban la paz, pero que sí lo hacen: el egoísmo y la autocompasión. Al enfrentarnos al cambio, seguro tendremos dificultades si pensamos excesivamente en nosotros mismos y nuestros deseos, o si nos autocompadecemos o desarrollamos una mentalidad de víctima. Es imposible tener una buena vida con una mala actitud. El objetivo del cambio es ayudarnos a tener una buena vida, y no podemos tenerla si somos egoístas o si nos autocompadecemos constantemente.

No se puede tener una buena vida con una mala actitud.

No voy a extenderme aquí sobre el egoísmo porque creo que la mayoría de la gente lo entiende y es consciente de sus peligros. He escrito un libro entero sobre la superación del egoísmo, titulado *¿Y qué hay de mí?*, que explica por qué el egoísmo es tan malo para nosotros y qué podemos hacer para liberarnos de él. Por ahora, recordemos lo que Pablo escribe en Filipenses 2:3-5 (RVC):

> No hagan nada por contienda o por vanagloria. Al contrario, háganlo con humildad y considerando cada uno a los demás como superiores a sí mismos. No busque cada uno su propio interés, sino cada cual también el de los demás. Que haya en ustedes el mismo sentir que hubo en Cristo Jesús.

En lo que queda de este capítulo, me gustaría centrarme en cómo la autocompasión nos roba la paz y hace que el cambio sea innecesariamente difícil de gestionar. La autocompasión es una actitud destructiva y nos hace miserables. Es idolatría (es decir, la adoración de alguien o algo que no es Dios), porque cuando nos revolcamos en la autocompasión, nos centramos solo en nosotros mismos. Durante años, tuve un problema tan grande con la autocompasión que siento que podría haber obtenido una maestría en ello. Pero Dios trató conmigo el asunto, y con el tiempo, Él me ha liberado.

> *La autocompasión es una actitud destructiva.*

Me compadecí de mí misma por muchas razones: porque abusaron de mí de niña, porque mi primer marido me engañó, porque pensaba que Dave no me prestaba suficiente atención, porque creía que yo hacía todo el trabajo de la casa mientras los demás se divertían, y por otras razones. Durante años, perdí días enteros compadeciéndome de mí misma. Cada vez que no me salía con la mía, me enfadaba y luego me compadecía de mí misma. Normalmente me alejaba de mi familia, me aislaba y pensaba en lo mal que me trataban. La lista de situaciones que me hacían sentir lástima de mí misma era interminable. Necesitaba cambiar, pero para eso tenía que cambiar mi mente antes de cambiar mi actitud. La mayor parte de mi autocompasión tenía su origen en mi actitud negativa general. Me inclinaba a ser negativa en lugar de positiva, y estoy muy agradecida de que Dios me cambiara. Ser negativo es un tormento autoinfligido, pero eso puede cambiar.

Mi actitud ponía de manifiesto mis pensamientos autocompasivos, pero el problema empezaba en mi forma de pensar. Mi mente era un lugar oscuro lleno de cosas negativas que imaginaba que pasaban. Esto me deprimía y me dejaba compadeciéndome de mí misma, cuando podría haber elegido estar agradecida por lo que tenía y dejar que mi gratitud me llevara a disfrutar de mi vida. Como estaba atrapada en la autocompasión, no podía recibir la sanación que Dios quería traerme.

Sé por experiencia que la autocompasión es una elección que hacemos. Puede basarse en circunstancias que hemos exagerado y meditado hasta que nos han consumido y nos han hecho sentir lástima de nosotros mismos. La autocompasión nunca ha hecho ni hará ningún bien a nadie. Nunca ayuda en una situación, pero nos hace creer que las circunstancias son peores de lo que realmente son. Cuando necesitamos afrontar el cambio, la autocompasión nos mantiene centrados en los aspectos difíciles o desafiantes del mismo, cuando lo que necesitamos es centrarnos en las cosas positivas que el cambio aportará a nuestras vidas.

La autocompasión también tiene un impacto negativo en nuestra capacidad de confiar en Dios. No tiene nada que ver con la fe, y si queremos que Dios nos ayude, tenemos que pedirle ayuda con fe. Dios puede tener compasión de nosotros, pero no nos tendrá lástima porque sabe que puede cambiar cualquier cosa. Solo necesitamos confiar en Él para hacerlo. El Salmo 103:13 dice: «Tan compasivo es el Señor con los que le temen como lo es un padre con sus hijos». Pero este versículo habla de algo diferente que simplemente tener lástima de nosotros. La compasión de Dios lo mueve a ayudarnos. Cuando nos compadecemos de nosotros mismos o tratamos de que Dios sienta lástima por nosotros, en realidad no queremos ayuda, o estamos frustrados con el apoyo que recibimos porque no es lo que realmente queremos. Simplemente queremos sentir lástima.

> *Sustituye la autocompasión por gratitud.*

Te animo a que sustituyas la autocompasión por una actitud de gratitud. Una de las mejores actitudes que podemos tener es la de agradecimiento, mientras que una de las peores es la autocompasión. Dios hace tanto por nosotros que nunca deberíamos dejar de darle las gracias. Todos tenemos muchas razones para estar agradecidos, y debemos recordarlas. Debemos tener un corazón agradecido para entrar en la presencia de Dios (Salmo 100:4). Debemos presentar nuestras peticiones a Dios con un corazón agradecido (Filipenses 4:6). Ser agradecido es poderoso. Nos hace felices, la gente disfruta estar con nosotros, pone una sonrisa en la cara de Dios, es una clave para la oración contestada y es la voluntad de Dios (1 Tesalonicenses 5:18).

No importa cuántos problemas tengas, no superan tus bendiciones. Recuérdalo cuando sientas la tentación de compadecerte de ti mismo. Si no ves tus bendiciones, es porque no las estás buscando. Las gafas oscuras de la lástima están nublando tu vista. Creo que la autocompasión es un pecado del que hay que arrepentirse, así que, si has estado sintiendo lástima por ti mismo, pasa algún tiempo con Dios y pídele perdón. Sustituye la autocompasión por el poder de la acción de gracias.

Estoy eternamente agradecida a Dios por haberme librado de la necedad de la autocompasión. Nunca mejora una situación; solo nos hace sentir peor. Espero que, cuando te enfrentes a cambios en tu vida, los inicies o no, puedas ver en este capítulo lo importante que es estar en paz y resistirse a la autocompasión.

Preguntas

1. La cita inicial de este capítulo, de San Francisco de Sales, dice: «No pierdas tu paz interior por nada en absoluto, aunque todo tu mundo parezca alterado». ¿Por qué es un consejo tan poderoso?

____

____

____

2. ¿En qué se diferencia la paz que da Jesús de la paz que da el mundo?

____

____

____

3. La primera carta de Pedro 3:11 dice que debemos apartarnos del mal, buscar la paz y perseguirla. ¿Cómo puedes buscar intencionalmente la paz en tu vida?

____

____

____

4. ¿Cuáles son tus mayores ladrones de paz? ¿Quizá los conflictos relacionales, el estrés laboral, las finanzas, ver demasiada televisión o no elegir bien lo que ves o escuchas, el exceso de compromisos, la mala gestión del tiempo o

alguna otra cosa? ¿Cómo puedes dejar de permitir que estas cosas o situaciones te roben la paz?

---

5. ¿Cómo el egoísmo y la autocompasión nos roban la paz?

PARTE 3

Gestionar bien el cambio

CAPÍTULO 7

Poco a poco

Es difícil cambiar de la noche a la mañana, pero si eres perseverante y das un paso cada vez, verás los resultados.

Jack LaLanne[8]

La mayoría de los cambios que se producen en el proceso de crecimiento no suceden rápidamente. Se desarrollan con el tiempo. Creo que es así como podemos aprender a manejar cada nueva oportunidad y responsabilidad que Dios nos da. A medida que aprendemos y crecemos, Él sigue dándonos más.

Hace años, tenía un gran deseo de enseñar la Palabra de Dios por todo el mundo. Pero Dios no vio mi deseo y me lanzó de inmediato a un ministerio de enseñanza global. Él me ha guiado paso a paso en la preparación para una mayor influencia y responsabilidad. A veces Su guía parecía dolorosamente lenta, y ahora me doy cuenta de que Él trabajó así de cuidadosa y deliberadamente conmigo porque, si bien quería que tuviera éxito en el ministerio y lo disfrutara, también sabía que necesitaba ser fortalecida y experimentada en el camino. Si el éxito llega demasiado rápido, a menudo nos vuelve orgullosos, y el orgullo precede a la destrucción (Proverbios 16:18).

Lo mismo es cierto para ti. Ya sea que el sueño que Dios te ha dado tenga que ver con el ministerio o con otra cosa, Dios quiere que tengas la estabilidad, la sabiduría y la resistencia para manejarlo con éxito y realizarte en él, y esto requiere un proceso gradual que se desarrolla a lo largo de un período de tiempo.

Dios nos ama demasiado como para meternos en situaciones que no podemos manejar. Por eso nos guía paso a paso a través de los cambios. A menudo digo que algunas personas tienen un don que las puede llevar a alguna parte, pero no tienen suficiente carácter para mantenerse allí. Creo que el ministerio que Dios me ha dado ha crecido hasta donde está hoy en seis etapas. Con suerte, aprender cómo Él ha tomado el deseo de una mujer y lo ha convertido en una gran organización que alcanza a más de cien mil personas alrededor del mundo te animará a creer que Él puede hacer cualquier cosa por ti y a reconocer cómo y cuándo Él está cambiando las cosas para llevarte al siguiente nivel de tu destino.

Algunas personas tienen un don que puede llevarlos a algún lugar, pero no el suficiente carácter para mantenerse allí.

Fase 1

La primera etapa de mi ministerio consistió en dictar un estudio bíblico en casa durante dos años y medio y ser fiel a él, para luego añadir un segundo estudio bíblico durante otros dos años y medio, hasta un total de cinco años. No me pagaron durante ese tiempo, a pesar de que nuestra situación económica era desesperada. Las personas que asistían a los estudios bíblicos ocasionalmente me daban un poco de dinero, pero por lo general muy poco, y nadie lo daba con regularidad. Dios satisfizo las necesidades de nuestra familia, pero este período de tiempo puso a prueba nuestra fe, y eso era vital para nuestro futuro.

Fase 2

La segunda etapa para mí fue dejar de dictar ambos estudios bíblicos y no hacer nada. Cuando Dios me condujo a dejar de enseñar, sentí que algo grande me sucedería rápidamente, pero no fue así. En lugar de eso, pasé un año entero esperando a que Dios abriera la siguiente puerta. Pensé que nada estaba sucediendo durante ese año, pero cuando miro hacia atrás, ahora me doy cuenta de que Dios hizo mucho en mí. A menudo, Dios debe hacer algo *en* nosotros antes de poder hacer algo *a través* de nosotros. Ese año, una de las grandes lecciones que aprendí fue que tenía que ser yo misma. No podía ser otra persona. No podía hacer lo que los demás hacían como ellos lo hacían. Intenté llevar a cabo muchas cosas que vi realizar a otras personas durante esa temporada, pero ninguna funcionó para mí. No tenía más opción que esperar y confiar en no haber sido tonta al abandonar los estudios bíblicos.

> *Dios debe hacer algo en ti antes de poder hacer algo a través de ti.*

El diablo me decía que necesitaba ser una «mujer normal» (lo que sea que eso sea), e intenté coser, trabajar en el jardín y otras cosas que creía que hacían las mujeres normales. Pero las odiaba y se me daban fatal. Tenía que quitarme de la cabeza la idea de ser una mujer normal para que Dios pudiera utilizarme como Él quería. Finalmente llegué a la conclusión de que ser una mujer normal era hacer la voluntad de Dios para mí, aunque fuera diferente a lo que hacían la mayoría de las mujeres que conocía.

Fase 3

La tercera fase del ministerio tuvo lugar cuando nuestra familia empezó a asistir a una nueva iglesia cerca de casa. Era pequeña, de solo treinta personas, cuando empezamos a ir allí. Pero al cabo de un tiempo, la iglesia creció y el pastor me invitó a impartir un estudio bíblico para mujeres en la iglesia. Le dije que sí, y me preparé como si fueran a aparecer mil personas. No vinieron mil, pero sí ciento diez, y eso fue un milagro, ya que no había ciento diez personas en toda la iglesia. Se había corrido la voz sobre el estudio bíblico y, obviamente, Dios hizo que la gente viniera, porque no me conocían de nada.

Ese estudio bíblico se celebraba todos los jueves, e incluso hizo que me ofrecieran un trabajo a tiempo completo entre el personal de la iglesia, donde desempeñé diversas responsabilidades. La reunión semanal llegó a tener más de cuatrocientas mujeres y, durante los cinco años que la dirigí, aprendí muchas lecciones. Me convertí en pastora asociada de la iglesia y se me permitió enseñar cuando el pastor estaba fuera de la ciudad. También enseñaba en la escuela bíblica de la iglesia tres veces por semana, aconsejaba a la gente y aprendía mucho sobre liderazgo. Después de cinco años en la posición de pastor asociado, sentí un movimiento en mi corazón que me indicaba seguir adelante, pero me asusté porque pensé: *Si renuncio a esto y me equivoco, entonces no tendré nada.*

Quería hacer más de lo que hacía en mi puesto en la iglesia. Quería escribir libros y viajar para hablar en otros lugares, y para ello tenía que dejar ese puesto. Por miedo, esperé casi dos años para dimitir. Durante ese tiempo, me sentí cada vez más miserable. Perdí el interés por lo que ocurría en la iglesia. Fue una época muy confusa para mí. Había recibido muchas confirmaciones de que necesitaba irme y empezar un ministerio, pero no quería ser orgullosa ni actuar por mera ambición. Realmente quería que mis actos correspondieran a la voluntad de Dios.

Mi pastor notó que algo no andaba bien y me sugirió que me tomara un tiempo libre y orara sobre lo que Dios quería que hiciera. Así lo hice, y Dios me dijo claramente en medio día que debía tomar el ministerio e ir al norte, al sur, al este y al oeste. Con la palabra de Dios vino un fuerte deseo de llegar a más gente, así que dejé mi trabajo. Aunque quería un cambio, también tenía miedo.

Vivíamos en San Luis, Misuri, y yo no sabía qué hacer para llevar el ministerio «al norte, sur, este y oeste», así que Dave y yo comenzamos reuniones en el norte de San Luis, sur de San Luis, este de San Luis y oeste de San Luis. Estuvimos en ocho estaciones de radio con un programa de enseñanza de quince minutos y oramos por invitaciones para dar charlas. No llegó ninguna durante bastante tiempo, así que fuimos fieles a las reuniones semanales y mensuales que habíamos organizado.

La asistencia a nuestras sesiones era escasa. Utilizábamos las ofrendas de las reuniones para sostener el ministerio, aunque en aquella época los gastos no eran muchos. Nuestra primera empleada fue voluntaria durante un par de años antes de que la contratáramos, y su primer sueldo fue de cincuenta dólares a la semana. Mi segunda empleada utilizaba una gran caja de cartón como escritorio. Recuerdo que una vez asistieron cien personas a una de nuestras reuniones, y estábamos tan emocionados que sentíamos que habíamos muerto y nos habíamos ido al cielo.

Fase 4

La cuarta etapa del ministerio consistió en difundir mis enseñanzas en tantas emisoras de radio como fuera posible. Llegamos a estar en cien emisoras. A medida que crecía nuestra audiencia radiofónica, íbamos a las ciudades donde se encontraban las estaciones y celebrábamos reuniones en los salones de baile de los hoteles. La asistencia habitual a esas reuniones era de entre doscientas y trescientas personas. Trabajamos tanto en aquellos días que, cuando los recuerdo, me pregunto cómo sobrevivimos. Pero la gracia de Dios estaba con nosotros porque Él siempre nos da la fuerza para hacer lo que nos llama a hacer.

Con el paso de los años, contratamos a algunas personas más y finalmente trasladamos el ministerio del sótano de nuestra casa a un espacio de 1,700 pies cuadrados que alquilamos en un complejo de oficinas. En aquel momento nos pareció enorme y nos preguntábamos qué haríamos con tanto espacio. Pero en poco tiempo el lugar se llenó y necesitamos más espacio.

Fase 5

La quinta etapa del ministerio comenzó cuando iniciamos nuestra emisión televisiva. Al principio, mis enseñanzas se emitían una vez a la semana y, con el tiempo, a diario. Una vez que esto ocurrió, el ministerio creció alrededor de un tercio cada año. Cada vez que alguien se mudaba del complejo de oficinas, alquilábamos su espacio hasta que por fin ocupamos casi todo el edificio y empezamos a buscar otro para comprar. Nada de lo que intentamos funcionó, así que, al final compramos una propiedad y comenzamos los preparativos para construir la sede. Dave había trabajado en el campo de la ingeniería, así que dibujó los planos y pusimos en marcha un programa de construcción, pidiendo a la gente que hiciera donaciones para ayudar a financiarla. Decidimos que no pediríamos dinero prestado, así que tardamos mucho tiempo en completar el proyecto. Y finalmente, lo hicimos. Ahora tenemos casi doscientos mil pies cuadrados de espacio para nuestra sede, así como oficinas en varios países fuera de Estados Unidos.

Llegamos a estar en televisión en cerca de dos tercios del mundo y en más de ciento diez idiomas, y Dave y yo cada vez estábamos más viejos y cansados. Teníamos el gran ministerio que queríamos y llegamos a tener novecientos empleados. Pero estar al día de todo me estaba agotando. Cada año, probablemente hablaba más de doscientas veces y escribía dos o tres libros, además de ocuparme de la gestión de las oficinas. También viajaba al extranjero dos veces al año durante dos o tres semanas cada vez, y celebraba cruzadas y diversos eventos en diferentes países. Recuerdo una vez que fui a Australia e impartí veintiuna clases en veinte días. Ni se tiene que decir que cuando volví a casa estaba agotada.

Fase 6

La sexta etapa de nuestro ministerio comenzó cuando empecé a delegar tareas y responsabilidades en otras personas y a ocuparme solo de lo que podía hacer: escribir mis libros (que suman más de ciento cincuenta en el momento de escribir este), grabar nuestro programa de televisión y enseñar en nuestras conferencias. En cierto modo, esta ha sido la transición más difícil para mí, porque he tenido que desprenderme de cosas que yo he creado y ahora me toca ver cómo las hacen otros. A veces no lo hacen como yo lo haría, pero muchas veces tienen ideas mejores y más frescas que yo.

Nuestros dos hijos dirigen ahora las actividades diarias del ministerio. Uno de ellos es el director general de *Hand of Hope* y se encarga de todas las misiones que incluyen la televisión en el extranjero, la asistencia médica y dental, una iglesia en el centro de la ciudad, un centro residencial de recuperación para hombres que buscan liberarse del alcoholismo y la drogadicción, la excavación de pozos de agua en pueblos que carecen de redes de agua potable, la construcción de iglesias y mucho más. Nuestro otro hijo es el director general de todos los medios de comunicación y operaciones del ministerio, así como de un gran rancho en Utah que será una base para las víctimas del tráfico sexual. Nuestros dos hijos tienen diferentes dones y personalidades, y cada uno es muy adecuado para las responsabilidades que tiene. Ambos tienen trabajos muy importantes y realizan una excelente labor. Si yo no hubiera estado dispuesta a aceptar el cambio y a delegar varias responsabilidades del ministerio, nunca habría visto a mis dos hijos florecer y crecer como lo he hecho. El cambio no solo implica asumir nuevas cosas, sino también desprenderse de cosas viejas.

El cambio no consiste solo en hacer nuevas cosas, sino en desprenderse de cosas viejas.

Dale tiempo

Acostumbrarse al cambio lleva tiempo. Cuando contratamos a personas en nuestro ministerio, a menudo se trasladan desde otros estados para venir a trabajar con nosotros. Esto ha sido duro para algunos de ellos. La mayoría se ha quedado y ha empezado una nueva vida, pero algunos han renunciado y han vuelto a casa. Algunas personas manejan el cambio mejor que otras, y cada uno de nosotros debe hacer lo que pueda.

Cuando la gente se muda, pierde su interacción personal con sus amigos, su iglesia, su antiguo trabajo y su antigua casa. Todo es nuevo y hay que acostumbrarse. En algunos aspectos, esto es emocionante, pero en otros, es difícil.

El tipo de personalidad de una persona ayuda a identificar lo difícil que será o no el cambio. Algunas personas son más aventureras que otras. Yo soy atrevida y agresiva, pero no voy a ciertas cosas que hacen algunos de mis amigos, como volar en parapente, saltar en paracaídas desde un avión, bucear en acantilados, nadar con tiburones u otras cosas poco apetecibles para mí. Puede que me enfrente a un millón de personas y proclame el Evangelio con valentía, pero si veo un ratón, grito.😉

Un hombre que conozco dijo que nunca entendería cómo una mujer puede echarse cera caliente sobre el labio y arrancarse los pelos con cinta adhesiva, pero grita cuando ve una araña. Supongo que depende del deseo. Yo no deseo saltar de un avión, pero deseo enseñar la Palabra de Dios, y deseo no tener bigotes.

El tiempo calma muchos de nuestros miedos. Nos adaptamos a los cambios y, por lo general, termina gustándonos. Ahora estoy logrando más cosas que nunca para el reino de Dios, y estoy trabajando menos. Estoy trabajando con más inteligencia en lugar de con más fuerza, y eso es porque dejé ir ciertas tareas y responsabilidades que realmente ya no tengo que cumplir. Nunca tengas miedo de renunciar a lo bueno para conseguir lo mejor. Algunas personas odian absolutamente el cambio, y es una pena, porque no podemos crecer sin él. Sin cambio no hay crecimiento. Robin Sharma dijo: «No vivas el mismo año setenta y cinco veces y lo llames vida»[9].

> *«No vivas el mismo año setenta y cinco veces y lo llames vida». Robin Sharma*

John F. Kennedy dijo: «El cambio es la ley de la vida. Y aquellos que solo miran al pasado o al presente están seguros de perderse el futuro»[10]. Cualquier cambio, aunque sea para mejor, va acompañado de incomodidad. Cambiar es doloroso, pero no hay nada tan doloroso como no cambiar nunca. Quedarse estancado en el mismo sitio haciendo siempre lo mismo aburre a cualquiera. No puedes cambiar a menos que salgas de tu zona de confort y te des cuenta de que, con el tiempo, el cambio te resultará cómodo.

El tiempo que se tarda en cambiar puede compararse con un asado a fuego lento contra un paso fugaz por un restaurante de comida rápida. Este es más fácil, pero el primero es mejor. No te conformes con elegir siempre el camino fácil. Jesús no lo hizo, y nosotros tampoco deberíamos hacerlo.

Algunas personas se afligen profundamente cuando sus hijos se van de casa, pero es algo que les ocurrirá a todos los padres. Los padres sabios planifican esta transición y no se sienten desolados cuando llega el momento. Suelen afligirse porque las cosas ya no son iguales para ellos, y ahora tienen que encontrar algo en qué ocuparse además de sus hijos. Tendrán que probar algo nuevo.

Cuando pensamos en probar algo que nunca hemos hecho, solemos preguntarnos: *¿Y si no me gusta o no se me da bien?* Esto no tiene por qué ser un problema, porque si eso pasa, siempre puedes probar otra cosa. Puede que te sorprenda descubrir que hay cosas mucho mejores por delante de las que dejas atrás, y que cada cambio al que te enfrentas encierra sus propias bendiciones.

Preguntas

1. ¿Qué sueño o propósito te ha dado Dios que pueda requerir cambios en ti?

____

____

____

2. Si te sientes atrapado en una etapa intermedia, ¿qué te está diciendo Dios que hagas mientras esperas? ¿Por qué siempre es importante que seas tú mismo, sin importar en qué punto de tu viaje te encuentres?

____

____

____

3. ¿Qué cosas viejas tienes que dejar atrás para abrazar cosas nuevas?

____

____

____

4. ¿Cómo te ayuda a probar cosas nuevas el saber que cada cambio tiene sus propias bendiciones?

____

____

____

CAPÍTULO 8

Entender que el cambio es un proceso

No te preocupes. No tengas prisa. Confía en el proceso.

Alexandra Stoddard[11]

Entender que el cambio es un proceso a menudo largo es vital para superar con éxito las transiciones de la vida. Mientras atraviesas el cambio, te sugiero que pienses menos en cuánto dura el proceso y más en cuál será el resultado final. Esto, por supuesto, requiere confiar en Dios y creer que valdrá la pena permitir que el proceso se despliegue en Su tiempo.

El cambio puede asustarnos porque nos gusta tener el control y, cuando las cosas cambian, no siempre sabemos qué va a pasar ni cuándo ocurrirá. El cambio se produce porque nos enfrentamos al miedo, no porque no lo sintamos. Afrontar nuestros miedos requiere valentía, y la valentía no es la ausencia de miedo, sino su dominio.

La valentía no es la ausencia de miedo, sino su dominio.

Cuando caminamos con Dios, el cambio tiende a producirse por grados. Si tenemos una meta, la alcanzamos a través de varios niveles de oportunidad. Somos fieles a una cosa por un tiempo, y entonces Dios nos da más. Después de ser fieles a eso por otro tiempo, Él nos da más de nuevo. Nunca sabemos cuánto tiempo demoraremos en cada etapa, pero podemos confiar en que Dios sabe lo que hace. Solemos pensar que estamos listos para nuevas oportunidades o ascensos antes de estarlo en realidad. Muchas veces, porque confiamos más en nosotros mismos de lo que deberíamos, sentimos frustración esperando en Dios mientras Él obra en nuestras vidas.

El cambio suele empezar cuando un arroyo se seca

Cuando llega el momento de hacer algo nuevo en nuestra vida, el proceso suele comenzar cuando percibimos lo que yo llamo «el arroyo que se está secando». Cuando notamos que esto sucede, debemos prestar atención para no resistirnos a los cambios que Dios está tratando de traernos. Me explico.

El profeta Elías del Antiguo Testamento vivió durante una época de gran hambruna en la que no cayó agua sobre la tierra durante tres años (1 Reyes 18:1). Dios lo envió a vivir junto a un arroyo llamado Querit, donde bebía agua y los cuervos le traían comida cada día (1 Reyes 17:3-6).

> *Cuando una puerta se cierra, otra se abre si caminas con Dios.*

Con el tiempo, el arroyo se secó (1 Reyes 17:7), y Elías ya no pudo contar con las provisiones diarias que se había acostumbrado a recibir. Pero Dios tenía otro plan, como siempre lo tiene. Cuando una puerta se cierra, otra se abre si caminamos con Él. A Elías se le dijo que se levantara y fuera a un pueblo llamado Sarepta, donde una viuda proveería. Cuando llegó, le pidió a la viuda que le diera algo de beber y un poco de pan, pero ella no tenía más que un poco de aceite y un puñado de harina, solo lo suficiente para hacer una última pequeña comida para su hijo y para ella, y luego morirían (1 Reyes 17:9-12).

Si yo hubiera sido Elías, esto no me habría parecido un ascenso. Ser alimentado milagrosamente por un arroyo caudaloso con cuervos repartiendo mi comida suena mejor que visitar a una pobre viuda que había renunciado a la vida y predecía su propia muerte.

Comparto esta historia para señalar que, a veces, cuando tenemos que dejar ir una cosa, la siguiente puede no parecer tan buena. Pero debemos darle tiempo. Aunque Elías sabía que la viuda tenía apenas suficiente comida para ella y su hijo, le dijo que, antes de que ellos comieran, primero le preparara algo de comer a él. Esta era una petición interesante, porque significaba que la madre y su hijo ya no tendrían nada para ellos. Elías le dijo que, si hacía esto, el aceite y la harina se multiplicarían, y ambos tendrían suficiente hasta que pasara la hambruna (1 Reyes 17:13-16).

Esta fue una gran prueba para la fe de la viuda porque, matemáticamente, no tenía sentido. Dios a menudo obra de maneras que no parecen cuadrar desde una perspectiva natural. A veces, lo que Él nos guía a hacer parece no tener sentido para nuestras mentes, pero sentimos en nuestros corazones que es lo que debemos hacer. La viuda preparó algo para que Elías comiera, sabiendo que no quedaría nada para ella y su hijo, y que seguramente morirían de hambre. Pero al obedecer, el aceite y la harina comenzaron a multiplicarse milagrosamente y, en efecto, tuvo suficiente para comer durante toda la hambruna (1 Reyes 17:15-16).

Tal vez Dios no envió allí a Elías por él mismo, sino porque la viuda necesitaba un milagro, y Elías era un buen terreno para sembrar. Ella le preparó una pequeña habitación en su casa, y allí se quedaba siempre que viajaba por aquella zona. Primera de Reyes 17:17-22 nos dice que el hijo de la viuda enfermó y murió. Pero Elías estaba allí y, por un milagro de Dios, resucitó al niño.

Dios puso a Elías donde tenía que estar en el momento justo. Dios puede colocarte en algún lugar para otra persona. Si le has pedido a Dios que te use, no te sorprendas si te envía a un lugar donde preferirías no estar durante un tiempo. Tu acto de obediencia puede ser la puerta abierta para tu próximo ascenso.

¿Se ha secado tu arroyo?

A veces Dios quiere que pases a algo nuevo.

Piensa en lo que estás haciendo en la vida. A veces Dios quiere que pases a algo nuevo. ¿Alguna de estas cosas ya no te satisface? ¿Te sientes insatisfecho, pero no sabes por qué? En ocasiones, lo que hacemos está bien durante mucho tiempo, y luego, por razones que no entendemos, Dios quiere que pasemos a otra cosa. Una manera que tiene para ayudarnos a ver esto es retirar Su gracia de lo que estamos haciendo. En la práctica, esto significa que lo que antes era fácil, se convierte en difícil. Lo que era agradable, se convierte en una tarea laboriosa. Lo que nos satisfacía, ya no nos satisface. Lo que antes nos gustaba y disfrutábamos, empieza a disgustarnos enormemente.

Dave y yo tuvimos a una joven pareja viviendo con nosotros durante dieciocho años. Ellos cuidaban de nuestros hijos cuando viajábamos. También ayudaron a llevar la oficina en los primeros años de nuestro ministerio, y fueron más valiosos de lo que podría llegar a decir.

Habían venido a trabajar para nosotros cuando solo llevaban seis meses casados, así que básicamente nunca habían tenido una vida matrimonial normal, ya que se sacrificaban para estar disponibles ante cualquier cosa que necesitáramos. Disfrutábamos con ellos y los queríamos, y seguimos haciéndolo. Sin embargo, el arroyo se secó, por así decirlo, y empezamos a sentirnos insatisfechos por tener gente viviendo en nuestra casa. Durante esa misma temporada, ellos empezaron a querer algo más para ellos mismos. Cuando llegó el momento de que tuvieran una vida diferente y nosotros nos quedáramos solos, tardamos al menos un año en entender por qué nos sentíamos así. Tuvimos que darnos cuenta de que esa temporada de sus vidas y de las nuestras llegaba a su fin.

Si has estado haciendo algo por mucho tiempo y Dios te llama a un cambio, puede ser confuso para ti. Mencioné que cuando Dios quiso que dejara mi empleo en la iglesia donde trabajaba y comenzara los Ministerios Joyce Meyer, dejé de disfrutar las cosas y los deberes que había disfrutado durante cinco años. Esto me confundía. El cambio no es fácil, venga cuando venga, pero

> *Cuando Dios pide un cambio, puede que resulte confuso.*

cuanto más tiempo llevamos haciendo algo, más difícil es cambiarlo.

Si estás asistiendo a una iglesia donde no estás siendo alimentado espiritualmente, o si ya no te sientes guiado a servir en ningún área y temes ir a los servicios, tal vez el arroyo se ha secado para ti, y Dios quiere usarte en otro lugar. Esto no significa que algo esté mal con la iglesia a la que asistes; solo significa que Dios tiene un nuevo plan. Tal vez Él te necesita en una iglesia diferente.

Cuando el arroyo se seca en nuestra vida no solo nos sentimos insatisfechos, descontentos e infelices, sino que, si no hacemos un cambio, probablemente comenzaremos a pensar: *¿Qué pasa conmigo?* O empezaremos a encontrar defectos en todo y en todos los que nos rodean. Puede que comencemos a culpar a los demás, lo que conduce a la ira y al chisme que, a su vez, llevan a la contienda. Dios odia las contiendas porque impiden el flujo vital de Su unción (poder capacitador).

Una mujer que asistió a mis reuniones durante años me dijo una vez que ya no se beneficiaba de ellas y empezó a pensar que tal vez yo tenía pecado en mi vida o estaba perdiendo mi unción. Ella oró por mí, y mientras lo hacía, Dios le mostró que yo no era el problema. El problema era que ella estaba llena de todo lo que había recibido y no estaba compartiéndolo con otros. Como no tenía espacio en su vida para nada más, ya no recibía nada. Entonces empezó a venir a las reuniones con la idea de ministrar a los demás y comenzó a recibir de nuevo.

El arroyo de tu vida puede secarse en otros ámbitos. Veamos algunos de ellos en concreto.

Tu trabajo

¿Se te ha secado el arroyo en el trabajo? Quizá necesites solicitar un ascenso, trabajar en un departamento distinto, cambiar de organización o de especialidad. Cuando hay vacantes en nuestra oficina, las publicamos y damos a los empleados actuales la oportunidad de solicitarlas antes de buscar candidatos fuera del ministerio. A menudo, un empleado actual se traslada de su departamento a otro. Esto no se debe a que algo vaya mal donde está; simplemente necesita algo nuevo o más estimulante.

Con el tiempo, en lo que respecta a mi trabajo, el ministerio que amaba y disfrutaba se convirtió para mí en un arroyo seco. Pero no necesitaba dejarlo. Lo único que Dios quería era que cambiara mi forma de hacer las cosas y empezara a delegar más en otras personas. Había trabajado mucho durante bastante tiempo, y requería más descanso y tiempo libre. Además, nuestros hijos necesitaban dar un paso al frente y empezar a forjar su destino. Era hora de dejar ir algunas cosas que siempre había hecho.

Tu matrimonio

¿Se ha secado el arroyo en tu matrimonio? Esto no significa que tengas que buscar una nueva pareja. Puede que tú y tu cónyuge simplemente necesiten un poco de aventura. Tal vez los dos necesitan más tiempo personal juntos, unas vacaciones, una cita de noche una vez a la semana, más conversación, un objetivo que puedan trabajar juntos, o cualquier número de otras cosas. Ora al respecto y deja que Dios te muestre qué hacer.

Tu comportamiento

Nuestro propio comportamiento puede convertirse en un arroyo seco. Podemos cansarnos de nuestra forma de actuar. Es entonces cuando llega el momento de ponernos serios con Dios y dejar que Él nos cambie ¿Alguna vez te has cansado de ti mismo? Tal vez estés cansado de la forma en que manejas ciertas situaciones, o de los patrones y rutinas que has desarrollado. A veces me he cansado de mí misma. Cuando esto sucede, suele ser una señal clara de que es necesario un cambio. Deberíamos estar más que dispuestos a dejar que Dios nos cambie.

> *¿Alguna vez te has cansado de ti mismo?*

Tus amistades

Incluso una amistad puede convertirse en un arroyo seco. Tal vez la amistad está cambiando, y el tiempo de esa relación ha terminado. Por ejemplo, puede que te hayas convertido en una muleta para otra persona, y ha llegado el momento de que esa persona se acerque más a Dios que a ti, o viceversa.

Tal vez tu vida va en una dirección diferente a la vida de tu amigo en alguna área. Un ejemplo de esto sería cuando una persona se aleja de la otra y comienza una nueva vida en un nuevo lugar; o cuando una persona está ocupada con niños pequeños mientras que la otra está felizmente soltera y persiguiendo una carrera; o cuando una persona necesita cuidar a sus padres ancianos y la otra no. En tales situaciones, las relaciones pueden necesitar ajustes debido a las diferencias de prioridades y disponibilidad.

Tus compromisos

A veces, puede que hayas hecho compromisos y hayas sido fiel a cumplirlos durante muchos años, pero empiezas a sentir que es hora de dejarlos ir. Las personas involucradas en estas actividades te dirán, por supuesto, que no saben qué harán sin ti, pero debemos ser guiados por el Espíritu, no por las personas.

Pocas situaciones duran toda la vida. Nuestra relación con Dios debería durar para siempre, un matrimonio debería durar mientras ambos cónyuges vivan, y nuestras relaciones familiares —y quizás amistades muy especiales— pueden durar desde el momento en que se forman hasta que la muerte las cambie. Pero la mayoría de las cosas tienen una fecha de caducidad, y si las conservamos demasiado tiempo, se volverán rancias.

> *Las cosas se ponen rancias si las guardas una vez pasada su fecha de caducidad.*

Si tu arroyo se ha secado de alguna manera, cambia algo. Puede que vuelvas a emocionarte. Solo recuerda que en cualquier cosa que hagamos debemos darlo todo y hacerlo con celo y entusiasmo.

Tómate tu tiempo para adaptarte

Cuando las cosas cambien, date tiempo para acostumbrarte a nuevas personas, lugares, puestos y responsabilidades. No te precipites en los ajustes que tengas que hacer. Cuando hice cambios en las responsabilidades de mi trabajo, me llevó tiempo acostumbrarme a no hacer algunas de las cosas que antes hacía y disfrutaba. A veces, cuando nuestros equipos misioneros van a la India o a África, me siento un poco triste por no poder ir. Pero sé que los cambios que he hecho son necesarios si quiero ser fuerte para terminar la vocación de mi vida. Para ello, he tenido que hacer cambios.

Quería menos responsabilidades, pero me sentía disgustada y frustrada cuando se tomaban decisiones sin contar conmigo. Finalmente me di cuenta de que no podía tener las dos cosas, y yo deseaba menos responsabilidades más de lo que deseaba implicarme, así que tuve que acostumbrarme a no participar en todo. Ahora no me molesta. He visto que a la gente le va bien sin mi aportación.

Cuando Moisés murió y Dios llamó a Josué para ocupar su lugar, le dijo: «Como estuve con Moisés, así estaré contigo» (Josué 1:5). Aquí está la clave. Lo importante no es quién hace qué, sino a quién unge Dios para hacerlo. He visto a Dios mover Su unción (Su gracia, poder y habilidad para hacer algo) de mí a otras personas para que hagan lo que yo he hecho a veces. Como ya no estoy ungida para hacer esas cosas, tratar de hacerlas me agotaría. Si has estado haciendo algo y ahora sientes que Dios te está impulsando a delegarlo, te sugiero que lo hagas, porque si sigues tratando de hacer algo para lo que Dios no te está ungiendo, terminarás odiándolo, o por lo menos sintiéndote miserable y desgastado.

Empezar algo es fácil, pero para terminarlo a menudo debemos estar dispuestos a hacer cambios por el camino. Sé que tendré que hacer más cambios a medida que envejezca. Creo que siempre daré buenos frutos para el reino de Dios mientras esté en la tierra, pero tendré que hacer más cambios para poder hacerlo. Ya sé que esto es así, así que haré lo que estoy haciendo mientras pueda y estaré preparada para cambiar lo que tenga que cambiar.

Para terminar algo hay que estar dispuesto a hacer cambios por el camino.

Si aprendes a creer que el cambio es una parte normal de la vida, cuando las situaciones o las personas cambien no te resultará tan duro. Considera el cambio como algo positivo y espera a que mejore las cosas. No te fijes en lo que dejas de hacer, sino en lo que vas a ganar.

Preguntas

1. ¿Cómo nos ayuda comprender que el cambio es un proceso —a menudo largo— a la hora de enfrentarlo?

2. ¿Qué significa decir que «el arroyo se ha secado» en un área de tu vida, y cómo nos ayuda a entender este concepto la historia de Elías?

3. ¿Se ha secado el arroyo en alguna de estas áreas de tu vida? Si es así, ¿cómo puedes saberlo?
   - Tu trabajo
   - Tu matrimonio
   - Tu comportamiento
   - Tus amistades
   - Tus compromisos

4. ¿Qué es lo mejor que se puede hacer cuando un arroyo se está secando de alguna manera?

5. ¿Por qué es importante tomarse tiempo para adaptarse a los cambios que llegan a tu vida?

____

____

____

CAPÍTULO 9

Cómo gestionar los cambios en tu vida

Parte 1

Porque a los que Dios conoció de antemano, también los predestinó a ser transformados según la imagen de su Hijo, para que él sea el primogénito entre muchos hermanos.

Romanos 8:29

Muchas veces, cuando algo tiene que cambiar, somos los únicos que podemos hacerlo, sobre todo si se trata de algo de nuestra propia vida. Debemos pedir y recibir la ayuda de Dios, pero también debemos asumir la responsabilidad de los cambios necesarios. ¿Qué haces cuando te das cuenta de que las cosas no son como deberían ser? Algunas personas se enfadan, otras se deprimen o se hunden en la autocompasión, otras buscan a alguien o algo a quien culpar, y otras son lo suficientemente valientes para intentar algo nuevo. Actúan sobre el cambio que quieren ver.

Cuando te encuentras en una situación que no te gusta, puedes sentir la tentación de desarrollar una mentalidad de víctima. Resístete a ella. Si no te gusta cómo van las cosas en tu vida, decide cambiar lo que puedas cambiar, y reza por lo demás.

Cambia lo que puedas y reza por lo que no puedas.

En este capítulo y en el siguiente, me gustaría compartir varias lecciones importantes que he aprendido en mi viaje de cambios, y rezo para que te ayuden a navegar por las transiciones de tu vida.

Lección 1. Dios es lo primero

Tuve que aprender que lo más importante en mi relación con Dios es mantenerlo a Él en primer lugar porque ese es el lugar que le pertenece. Al principio de nuestra relación con Dios, normalmente le buscamos y le pedimos que haga cosas por nosotros, y eso está bien. Pero con el tiempo, Él quiere que pasemos de buscarlo por sus bendiciones a buscarlo por quien es Él. En lugar de siempre pedirle a Dios que haga algo por ti, pregúntale qué puedes hacer tú por Él. Debemos buscar Su rostro, no solo Su mano. En la Biblia, *buscar* tiene el sentido de inquirir, anhelar y seguir la paz (Salmo 34:14).

En el Salmo 27:8, David escribe: «El corazón me dice: "¡Busca su rostro!". Y yo, Señor, tu rostro busco». Para David, buscar el rostro de Dios era una necesidad vital, y nosotros deberíamos sentir lo mismo al respecto. Podemos prescindir de muchas cosas, pero no podemos prescindir de la presencia de Dios.

El apóstol Pablo rezó esta apasionada oración en Filipenses 3:10:

> Lo he perdido todo a fin de conocer a Cristo, experimentar el poder que se manifestó en su resurrección, participar en sus sufrimientos y llegar a ser semejante a él en su muerte.

En términos sencillos y prácticos, podemos dar a Dios el primer lugar poniéndole a Él en primer lugar cuando tomamos decisiones sobre cómo emplear nuestro tiempo. Esfuérzate por empezar cada día pasando tiempo con Dios, pensando en Él, hablando con Él, deseándole y poniendo Su voluntad por encima de la tuya a lo largo del día. Dedicamos nuestro tiempo a lo que es más importante para nosotros. He descubierto que siempre encuentro tiempo para hacer las cosas que realmente quiero hacer, y estoy segura de que tú también. Encontramos tiempo para ver la televisión, hacer deporte, ir de compras, salir a comer y realizar otras actividades que nos gustan. Pregúntate qué es lo más importante para ti. Si no es Dios, haz los ajustes que necesites para ponerlo a Él en el primer lugar de tu vida.

> *Dedicamos nuestro tiempo a lo que es más importante para nosotros.*

Lección 2. Saber lo que significa estar en Cristo

Saber quiénes somos en Cristo es una de las más importantes realidades espirituales que necesitamos entender como creyentes. A menudo nos centramos en lo que hacemos en la vida, pero deberíamos centrarnos en lo que somos en Él. No hacemos todo bien, pero siempre somos hijos de Dios, y Él siempre nos ama. No podemos comprar o ganar Su amor o favor con ninguna cantidad de buenas obras. Debemos procurar hacer cosas buenas y comportarnos correctamente, pero debemos hacerlo porque amamos a Jesús, no para tratar de que Él nos ame.

Durante años, fui una adicta al trabajo que derivaba mi valía y valor de lo que hacía, y siempre pensé que Dios me amaba más cuando hacía buenas obras que cuando estaba disfrutando o descansando. Estaba engañada y no sabía cómo recibir el don de estar bien con Dios a través de mi fe en Cristo.

Me sentía bien conmigo misma cuando actuaba bien, y me sentía culpable y condenada cuando no lo hacía. Intentaba ganarme el amor y la aceptación de Dios a través de lo que yo hacía, en lugar de recibirlos a través de lo que Jesús hizo. Esta fue una de las lecciones más difíciles de aprender en mi camino con Dios. Parecía increíble que Dios pudiera amarme por lo que era, incluso en los días en que no hacía lo correcto. Intentaba ganarme lo que Dios me había dado gratuitamente, y necesitaba aprender a recibir gratuitamente. Cuanto más aprendemos a recibir lo que Dios nos ha dado, más nos enamoramos de Jesús, y nuestro amor es lo que Él más quiere. El primer y más importante mandamiento es amar a Dios con todo nuestro corazón, alma, mente y fuerzas (Marcos 12:28-31).

Saber que estamos en buenas relaciones con Dios produce buenas obras, pero las buenas obras separadas de la fe nunca nos harán estar bien con Él. Bajo el Antiguo Pacto, la gente tenía que guardar la ley para ser aceptable a Dios. Cuando no lo hacían, tenían que hacer sacrificios. Pero bajo el Nuevo Pacto, sellado con la sangre de Jesús, quedamos reconciliados con Dios al confiar en la obra de Jesús en su muerte, sepultura y resurrección. Bajo este pacto, confesamos nuestros pecados a Dios, y Él nos perdona debido a nuestra fe y nos da Su justicia. La justicia propia nunca será aceptable para Dios, pero somos aceptados plena e incondicionalmente al recibir y creer en el don de la justicia provista por el sacrificio de Cristo.

Lección 3. Recibir y dar amor

La búsqueda del valor propio termina en Cristo. Él nos ama, y lo demostró cuando murió por nosotros a pesar de nuestro pecado (Romanos 5:8). No podemos dar lo que no tenemos, así que si queremos ser capaces de amar a los demás incondicionalmente primero debemos recibir el amor incondicional de Dios. Lee las palabras de Pablo sobre el amor de Dios en Efesios 1:4-5:

> *La búsqueda del valor propio termina en Cristo.*

> Dios nos escogió en él antes de la creación del mundo, para que vivamos en santidad y sin mancha delante de él. En amor nos predestinó para ser adoptados como hijos suyos por medio de Jesucristo, según el buen propósito de su voluntad.

Puedes ver en esta escritura que Dios nos ama porque lo desea, no porque merezcamos Su amor. En Isaías 38:17, el rey Ezequías alaba a Dios por haberlo sanado, diciendo: «Con tu amor me guardaste de la fosa destructora». Durante mucho tiempo viví en un foso de desesperación, y el amor de Dios me rescató. El amor de Dios nos saca de todos los problemas (Romanos 8:25-39). Cuando atravesamos dificultades y circunstancias dolorosas que no comprendemos, recordar que Dios nos ama nos ayuda a no rendirnos y a tener esperanza en el futuro. Por muy injusta que nos parezca una situación, podemos descansar sabiendo que Dios es un Dios justo, y que siempre corrige lo malo a su debido tiempo.

La primera carta de Juan 4:16 ha sido interpretada como una invitación a comprender y reconocer el amor de Dios, y ser conscientes de él. Observar el amor de Dios en mi vida es una de mis cosas favoritas, y te animo a que tú también observes Su amor en la tuya. A menudo, Dios nos muestra su amor de formas tan pequeñas como grandes, pero nos lo perdemos porque no prestamos atención o atribuimos nuestra buena fortuna a la casualidad o a la suerte. No atribuyas a la suerte, a la fortuna o a la coincidencia el mérito de lo que Dios hace.

Porque Dios te ama, te dará su favor, y encontrarás gente haciendo cosas por ti sin motivo aparente. Recibe el amor de Dios y piensa a menudo: *Dios me ama.* Ámate a ti mismo porque Dios te ama, y deja que el amor fluya a través de ti hacia los demás. Jesús nos da un mandamiento: amar a Dios (Marcos 12:30). También nos da un segundo mandamiento: amar a los demás como a nosotros mismos (Marcos 12:31). Si nos centramos en esto, cumpliremos todos los demás mandamientos.

Lección 4. Comprender la gracia

Me agoté intentando cambiarme a mí misma hasta que comprendí que solo la gracia de Dios (favor y poder inmerecidos) podía hacerlo. Un día estaba leyendo la Biblia y encontré una escritura que me cambió la vida:

> Pero él nos da más gracia. Por eso dice la Escritura: «Dios se opone a los orgullosos, pero da gracia a los humildes».
>
> Santiago 4:6

Había estado luchando con todas mis malas tendencias y esforzándome tanto por cambiarme que estaba constantemente frustrada. Nuestra fuerza de voluntad no puede transformarnos. Solo el Espíritu Santo puede hacerlo. Yo «intentaba» cambiar, pero no le pedía a Dios que me cambiara, ni siquiera que me mostrara qué hacer. La gracia de Dios abarca más que el favor inmerecido; también implica el poder del Espíritu Santo, que se nos da gratuitamente, para ayudarnos a hacer con facilidad lo que nunca podríamos hacer por nosotros mismos.

Una vez que aprendí que solo la gracia de Dios podía cambiarme, adopté un enfoque diferente para superar las malas tendencias. En lugar de intentar superarlas con mis fuerzas humanas, las admití, pedí y recibí perdón, y le pedí a Dios que me cambiara y me mostrara todo lo que Él quería que hiciera. Luego esperé en Él. Estudié lo que Su Palabra dice sobre las áreas de mi vida que necesitaban cambiar. También oré y confesé la Palabra, y Dios básicamente hizo el resto.

Lo diré otra vez: *No podemos cambiarnos a nosotros mismos*. Solo Dios puede cambiar a las personas. Él nos cambia de adentro hacia afuera. Como parte del proceso de cambio, Él cambia nuestros deseos. Esperamos a

> *Solo Dios puede cambiar a las personas.*

que Él actúe y, cuando el cambio llega, le damos el crédito porque sabemos que no lo hemos hecho nosotros.

Queremos un cambio en nosotros mismos, y Filipenses 1:6 dice: «Estoy convencido de esto: el que comenzó tan buena obra en ustedes la irá perfeccionando hasta el día de Cristo Jesús». Convierte todos tus intentos en creencia, y verás el progreso.

Donde abunda el pecado, sobreabunda la gracia (Romanos 5:20). La gracia de Dios está siempre a disposición, pero debemos pedirla y recibirla. Somos salvos por gracia, y debemos aprender a vivir por gracia.

Preguntas

1. ¿Qué área de tu vida está cambiando, o dónde te gustaría ver un cambio? En esta situación, ¿cuál es tu parte y cuál la de Dios?

___

___

___

2. ¿Qué puedes hacer para que Dios ocupe el primer lugar en tu vida?

___

___

___

3. ¿Quién eres en Cristo? ¿Cómo afecta eso lo que *eres*, no lo que *haces*?

____

____

____

4. ¿Cómo puedes cambiar tu forma de pensar para recibir personalmente el amor de Dios?

____

____

____

5. ¿Por qué solo la gracia de Dios puede cambiar la vida de una persona? ¿Qué necesitas dejar de hacer para tratar de cambiarte a ti mismo y, en su lugar, permitir que Dios te cambie?

____

____

____

CAPÍTULO 10

Cómo gestionar los cambios en tu vida

Parte 2

Toda historia de éxito es una historia de adaptación, revisión y cambio constantes.

Richard Branson[12]

Una mañana de Acción de Gracias, hace muchos años, estaba rezando, y tuve una visión de una vitrina repleta de trofeos en el cielo. Dios habló a mi corazón: «Joyce, tú eres un trofeo de mi gracia». Nunca había oído algo así, pero supe inmediatamente que Dios me estaba mostrando que la obra que había hecho en mí añadía otro trofeo a su vitrina de vidas transformadas. Unos días después, vi 2 Corintios 2:14 por primera vez, y me emocionó recibir la confirmación de lo que Dios había puesto en mi corazón. Dice: «Así que, ¡gracias a Dios!, quien (...) siempre nos lleva en triunfo en el desfile victorioso de Cristo [como trofeo]. Ahora nos usa para difundir el conocimiento de Cristo por todas partes como un fragante perfume» (NTV).

Si Dios puede cambiarme a mí, puede cambiar a cualquiera. Cualquiera —incluido tú— puede ser un trofeo de Su gracia y poder para sanar, fortalecer y transformar. He leído que el mayor testimonio que alguien puede tener es la de una vida cambiada. Mi vida ha sido cambiada a través de la Palabra de Dios, Su gracia y Su poder, y la transformación sigue en curso.

El mayor testimonio es una vida cambiada.

En el capítulo anterior, compartí cuatro lecciones que he aprendido sobre cómo afrontar el cambio. En este capítulo, me gustaría compartir otras cinco. Tengo que recordar y practicar cada una de estas lecciones con regularidad, y creo que, si tú haces lo mismo, también te encontrarás navegando por los cambios de tu vida con éxito, al convertirte en otro trofeo de la gracia de Dios.

Lección 5. Sé sincero contigo mismo y con los demás

No podemos ser transformados en lo que Dios quiere a menos que nos enfrentemos honestamente a nuestro comportamiento y nuestras actitudes actuales. No es fácil hacerlo, pero cuando afrontamos la verdad, podemos ser libres (Juan 8:31-32). Hace poco leí que la integridad espiritual incluye la capacidad de ser brutalmente honesto con uno mismo. Perdí muchos años culpando de mi mal comportamiento a los abusos de mi pasado y a otras personas. Utilicé esas experiencias como excusas para seguir siendo como era en lugar de pasar por el dolor de cambiar. Sí, cambiar suele ser doloroso, pero seguir igual y no cambiar nunca es más doloroso. No podemos avanzar a menos que miremos de frente dónde nos encontramos en nuestro crecimiento espiritual. Considera estas preguntas:

> *Debes afrontar dónde te encuentras en tu crecimiento espiritual.*

- ¿Eres un cristiano carnal (uno que quiere ser cristiano, pero también quiere vivir según los caminos del mundo) o un cristiano espiritual (uno que está completamente rendido a Dios y dispuesto a seguirle, incluso cuando Sus caminos sean diferentes a los del mundo)?

- ¿Eres un cristiano bebé (uno que conoce a Dios, pero aún no ha comenzado a vivir de acuerdo con Su Palabra) que ha sido salvo durante veinte años, pero nunca ha crecido espiritualmente?
- ¿Eres un cristiano maduro que ha rendido su voluntad a Dios?

Tuve que hacerme estas preguntas y responderlas con sinceridad, y fue duro.

Jeremías, el profeta del Antiguo Testamento, escribe que «Nada hay tan engañoso como el corazón» (Jeremías 17:9). Cuando algo es engañoso, nos lleva a creer una mentira. Durante años, me engañaron haciéndome creer que yo estaba bien y que la gente que me rodeaba necesitaba cambiar. Oré por Dave cuando no nos llevábamos bien. Oré para que mis hijos cambiaran y yo pudiera disfrutar de mi vida en vez de tener que lidiar con su mal comportamiento, y oré especialmente para que las circunstancias inestables de mi vida cambiaran y yo pudiera ser feliz. Después de muchos años de frustración, Dios consiguió que me diera cuenta de que yo era la que debía cambiar.

La vida siempre estará llena de circunstancias que no nos gustan, pero cuanto más cerca estemos de Dios, menos molestarán. Aprendemos que podemos rezar, confiar en Dios (1 Pedro 5:7) y confiar en que Él hará lo que sea necesario. Mientras esperamos y Él se ocupa de nuestros problemas, podemos disfrutar de nuestra vida.

La gente hace cosas que no nos gustan, pero nosotros hacemos cosas que no gustan a los demás. La Palabra de Dios nos dice que soportemos los defectos de los débiles y que no vivamos para complacernos a nosotros mismos (Romanos 15:1). Cuando pienso en todo el mal comportamiento que Dave y otras personas soportan de mí, no encuentro excusa para no estar dispuesta a soportar los defectos y debilidades de los demás. En lugar de intentar cambiar a los demás y hacer de ellos lo que tú quieres que sean, pídele a Dios que te cambie a ti y reza para que se sometan a la voluntad de Dios, sea cual sea.

Lección 6. Disfruta de ti mismo y de tu vida

Génesis 1 recoge la creación divina de nuestro universo. Varias veces a lo largo del relato de los seis días de la creación, la Biblia dice: «Y vio Dios que era bueno» (Génesis 1:12, 18, 21, 25). Al final del sexto día de la creación, cuando terminó, leemos: «Dios miró todo lo que había hecho y consideró que era muy bueno. Vino la noche y llegó la mañana: ese fue el sexto día» (Génesis 1:31).

Dios se tomó tiempo para *disfrutar* de todo lo que creó. Basándome en esto, he aprendido a tomarme el tiempo de contemplar lo que Dios hace en mí y en mi vida, y a reconocer que es bueno y disfrutarlo.

¿Trabajas duro para tener una buena casa, pero no tienes tiempo para disfrutarla? ¿Estás trabajando duro para criar a tus hijos de manera piadosa, pero no tomas tiempo para disfrutar de ellos? A veces nos centramos tanto en nuestro trabajo que olvidamos lo importante que es dedicar tiempo a disfrutarlo y a gozar de la vida.

Yo he aprendido a disfrutar. No me refiero a hacer cosas agradables, sino simplemente a disfrutar de lo que soy porque creo que soy un trofeo de la gracia de Dios. Los trofeos se otorgan a personas que son expertas en su campo, y Dios es un experto en tomar una vida totalmente desordenada y rota y hacer algo hermoso de ella. Deborah Stricklin escribe en su libro *Trophies of His Grace*: «Cada uno de nosotros está llamado a ser un trofeo de la gracia de Dios en la forma en que vivimos, en la forma en que amamos a los demás y en la forma en que seguimos a Dios. Nuestras vidas son un testimonio de quién es Él y de lo que ha hecho»[13].

Lección 7. Tómate tiempo para descansar

En Génesis 2:2 leemos: «Al llegar el séptimo día, Dios descansó porque había terminado toda la obra que había emprendido».

Es importante trabajar duro, pero también debemos descansar de nuestro trabajo. Esto no significa necesariamente que nos vayamos de vacaciones, pasemos un día en un balneario o nos echemos una siesta. Solo significa que no debemos pasar todo el tiempo trabajando. Tenemos que hacer cosas que refresquen y nos restauren. También necesitamos dormir lo suficiente cada noche. Si Dios comprendió la importancia del descanso, sin duda podemos entender que nosotros también lo necesitamos.

Lección 8. Tener expectativas realistas

No esperes que el cambio te guste de inmediato. En todo cambio hay cosas que nos gustarán y otras que no. Dave y yo tenemos dos nietas gemelas de veintiún años. Hace aproximadamente un año, querían irse de casa y vivir juntas en un apartamento, y a sus padres (nuestra hija y nuestro yerno) les pareció bien la idea. De hecho, sus padres pensaron que mudarse ayudaría a las chicas a asumir más responsabilidades. Les encanta su nueva libertad, no tener toques de queda, toda la compañía que quieran cuando quieran y dormir hasta la hora que les apetezca. Pero también tienen que ser más cuidadosas con el dinero, porque tienen gastos que antes no tenían.

Toda situación tiene dos caras. Si te dan un ascenso en el trabajo, lo más probable es que también tengas más responsabilidades. Si te compras un coche nuevo y lo financias, también tendrás que pagarlo todos los meses durante varios años. Si te casas, experimentarás muchas cosas maravillosas, pero ya no serás libre de hacer lo que quieras cuando quieras. Es posible que tu cónyuge tenga hábitos que ignorabas, o que te enfrentes a otros retos.

Las expectativas poco realistas son un gran problema para muchas personas. Nada en la vida es perfecto, y si esperas que lo sea, te expones a la decepción. Solo Dios es perfecto, y solo Él no cambia nunca. Lo dice en Malaquías 3:6, «Yo, el SEÑOR, no cambio. Por

Solo Dios es perfecto, y solo Él no cambia nunca.

eso ustedes, descendientes de Jacob, no han sido exterminados». Y Hebreos 13:8 dice: «Jesucristo es el mismo ayer, hoy y por siempre».

Lección 9. Resistir al resistirse

La última lección que quiero mencionar —y es de vital importancia— es aceptar el cambio cuando se produce. Cuando nos enfrentamos a un cambio, nuestra primera reacción suele ser resistirnos, por lo que debemos saber cómo resistir la tendencia a resistirnos. Como mencioné en un capítulo anterior, es importante modificar nuestra opinión sobre el cambio y verlo como algo positivo, no como algo negativo. También es necesario validar tus sentimientos. Está bien sentirse un poco nervioso por dejar atrás lo viejo y dirigirse hacia algo nuevo. Además, cuando te enfrentes al cambio, aprende a gestionar tus expectativas. No anheles la perfección inmediata, porque lleva tiempo acostumbrarse al cambio. No esperes mucho de ti mismo demasiado pronto y no compares tu reacción con la de otra persona. Está bien tomárselo con calma.

Recuerda los cambios en tu vida a los que te resististe al principio, pero que te han llevado a un lugar mejor. Esto te ayudará a darte cuenta de que todo lo que está cambiando ahora probablemente también saldrá bien. Cuando las cosas estén cambiando en tu vida, recuerda que Dios está contigo y te guiará a través de todo lo que tengas que afrontar. Confía en Él y sigue disfrutando de la vida, pase lo que pase.

Mi propia transformación personal del quebrantamiento a la plenitud tomó tiempo, y al principio estaba impaciente y tenía mucha prisa porque se produjeran los cambios. Sin embargo, con los años he aprendido que seguir el ritmo de Dios es la mejor manera de vivir. Sigo practicando las lecciones que he compartido en este capítulo y en el anterior. Cuando caminamos con Dios, nunca dejamos de crecer y cambiar, por lo que es importante que manejemos bien cada transformación.

Preguntas

1. Cuando permanecemos en la Palabra de Dios y afrontamos honestamente la verdad sobre nuestro comportamiento y nuestras actitudes, ¿cuál es el resultado, según Juan 8:21-32?

____

____

____

2. ¿Qué puedes hacer hoy, aunque sea algo pequeño, para disfrutar de tu vida?

____

____

____

3. ¿Por qué es importante descansar?

---

4. ¿Qué cambio quieres hacer en tu vida? ¿Cómo el tener expectativas realistas puede ayudarte a prosperar en ese proceso de cambio?

---

5. Piensa en algún cambio que hayas hecho al que te resististe al principio, pero que haya salido bien. ¿Qué ocurrió? ¿Cómo te anima esta experiencia a hacer el siguiente cambio en tu vida?

CAPÍTULO 11

Controla tus emociones

Eres dueño de tus sentimientos. Eres dueño de tus pensamientos. Tú controlas ambos. Nadie tiene derecho a nada de ello, a nada de ti, sin tu permiso.

Carlos Wallace[14]

Los cambios provocan todo tipo de emociones. Si una persona es inestable emocionalmente, el cambio encenderá todo tipo de emociones, y sería imprudente seguirlas. Incluso si una persona suele ser estable emocionalmente, el cambio puede volverla malhumorada o más sensible de lo habitual. Es aconsejable no tomar decisiones importantes durante los altibajos emocionales. A menudo digo: «Deja que las emociones se calmen y luego decide». Las emociones fluctúan. Podemos ir a acostarnos sintiéndonos de una manera y despertarnos sintiéndonos de otra.

No podemos controlar cuándo las emociones se disparan o se hunden, pero podemos aprender a no dejar que nos controlen si comprendemos su naturaleza. He leído que las emociones son el enemigo número uno del creyente. A menudo la gente nos dice lo que siente cuando debería decirnos lo que cree. Los sentimientos van y vienen y no son fiables. Con la ayuda de Dios podemos controlar nuestras emociones. Incluso cuando los sentimos, no tenemos por qué desahogarnos. Si no las sentimos, podemos hacer lo que tenemos que hacer, aunque no tengamos emociones como el entusiasmo o el valor que nos apoyen.

La gente dice lo que siente en lugar de lo que cree.

Emociones tóxicas

Las emociones pueden ser tóxicas, es decir, pueden afectar negativamente nuestra salud y bienestar. El libro *Emociones que matan* de Don Colbert menciona varias emociones tóxicas, entre ellas:

- ira
- hostilidad
- rabia
- vergüenza
- culpa
- miedo
- preocupación
- resentimiento y amargura[15]

La Biblia aborda estas emociones y advierte del peligro de no afrontar muchas de ellas. No tengo espacio en este libro para desarrollar cada una, así que escribiré sobre la ira y la preocupación, porque mucha gente las experimenta. Más adelante encontrarás un capítulo entero sobre cómo superar el miedo, titulado «El valor para cambiar».

Ira

Una de las emociones tóxicas que sienten algunas personas cuando se enfrentan a un cambio es la ira, especialmente cuando el cambio no ha sido su iniciativa o su idea, o cuando no gusta. Pueden enfadarse porque sienten que están perdiendo algo, cuando en realidad pueden estar ganando algo mejor. Pueden enfadarse porque se sienten fuera de control o por otras razones. Dios puede ponernos a prueba permitiendo un cambio que no hemos iniciado y que no nos gusta, simplemente para enseñarnos a obedecer a la autoridad que está sobre nosotros con una buena actitud. Incluso cuando los que tienen autoridad sobre nosotros no tienen en cuenta cómo sus decisiones o acciones nos afectarán, Dios siempre está pensando en nosotros y en lo que nos hará bien. Él puede tomar una mala situación y darle la vuelta para bien si confiamos en Él.

Las personas enfadadas y hostiles liberan más adrenalina y más hormonas que aumentan la tensión arterial y la frecuencia cardiaca que las personas que no están enfadadas. Las personas enfadadas también tienen problemas de cortisol elevado, que causa retención de sodio, y el enfado aumenta los triglicéridos y el colesterol, todo lo cual predispone a una persona a padecer enfermedades cardíacas.[16]

Está claro que la ira no es una emoción sana. Efesios 4:26-27 dice: «"Si se enojan, no pequen". No permitan que el enojo les dure hasta la puesta del sol ni den cabida al diablo».

El enojo no es pecado si está justificado, pero aferrarse a él sí lo es. He descubierto que cuanto más rápido suelto el enojo, más fácil me resulta deshacerme de este. No le des tiempo para que eche raíces en tu alma. La ira puede estallar rápidamente, pero he descubierto que puedo controlarla hablando de mí misma de manera positiva y meditando en las Escrituras sobre el peligro de la ira. Si no desahogamos nuestra ira, empezará a disiparse. A veces conviene alejarse de la situación o de la persona que nos tienta a enfadarnos. Conozco a un hombre que sale a pasear cuando siente que está a punto de dejar que sus emociones tomen el control. Puedes rezar pidiendo ayuda a Dios y su fuerza para resistir el impulso de seguir. No es prudente reprimir la cólera, y la manera de evitarlo es hablar con Dios sobre cómo te sientes. El rey David lo hizo a lo largo de los Salmos. Le dijo a Dios cómo se sentía, pero acompañó sus expresiones con afirmaciones de cuánto confiaba en que Él le ayudaría (Salmos 25, 52, 61, 143).

Algunas personas que se enfadan con frecuencia dicen que simplemente tienen mal genio o son impacientes, o que tienen la mecha corta. No importa cómo lo llamemos, la tensión y el estrés de la ira pueden enfermarnos si son persistentes y frecuentes. Todo malestar causa enfermedad. He leído que las emociones reprimidas que nunca se tratan causan problemas como dolor de espalda, dolores de cabeza, problemas digestivos, problemas intestinales, erupciones cutáneas, úlceras, hipertensión, enfermedades cardíacas, dolores musculares, trastornos autoinmunes, fibromialgia, trastornos nerviosos y otros problemas de salud. Los síntomas son reales y podemos medicarlos o ir a la raíz del problema. Normalmente, si medicamos un síntoma, la ira provoca la aparición de otros. Cuando nos negamos a soltar la ira, creamos un ambiente dentro de nosotros como una olla a presión, y tarde o temprano explotamos.

Recuerdo una anécdota divertida sobre una mujer que estaba en nuestra casa cocinándonos a Dave y a mí una cena maravillosa mientras estábamos fuera. Utilizó la olla a presión para asegurarse de que el asado que estaba cocinando quedara muy tierno, pero de alguna manera la tapa no resistió y el asado, el jugo, la grasa y todo voló por los aires. Por desgracia, esto ocurrió cerca de un ventilador de techo que estaba encima de la cocina, encendido a máxima potencia. Los trozos de asado con los recortes volaron por toda la cocina y arruinaron el techo. Cuando llegamos a casa, encontramos a nuestra amiga sentada en un rincón de la cocina cubierta de asado y grasa, llorando. Lo que ocurrió con la olla a presión en nuestra cocina es un gran ejemplo visual de cómo actúa la ira en las personas.

La sociedad actual está llena de personas enfadadas, algunas de las cuales ni siquiera saben por qué lo están. Creo que gran parte de su enfado se debe a que saben que algo va mal en nuestro mundo. También puede deberse a cosas trágicas que han ocurrido en sus vidas. A menudo se enfadan con Dios, y en lugar de confiar en Él para que haga justicia y haga algo positivo para cambiar la situación, se limitan a quejarse y a enfadarse cada vez, lo que da lugar a cosas como la rabia en la carretera, los tiroteos masivos, el abuso doméstico y otros sucesos horribles. Como mínimo, hace que sea difícil llevarse bien con la persona enfadada.

La ira es peligrosa, pero no es el único factor estresante en nuestras vidas; hay muchos otros. Aunque no podemos evitarlos todos, deberíamos evitar los que sí podemos.

Salomón escribe en Eclesiastés 7:9 que la ira se aloja en el seno de un necio, y Santiago escribe que la ira no promueve la justicia que Dios desea (Santiago 1:19-20).

Algunas personas se enfadan cuando se enfrentan a un cambio, pero como puedes ver leyendo esta sección, aprender a controlar la emoción de la ira es muy importante.

Preocupación

Otra emoción común que sienten las personas cuando las cosas están cambiando en sus vidas es la preocupación. Se preocupan por cómo el cambio les afectará a ellos, a sus seres queridos, a su medio de vida, a las oportunidades que esperan o a sus círculos sociales. Cambiar suele significar enfrentarse a situaciones nuevas, por lo que es comprensible que la incertidumbre pueda causar ansiedad.

La preocupación es una emoción inútil. Te mantiene ocupado, pero no te lleva a ninguna parte. La preocupación no es fe, y todo lo que no es de fe es pecado (Romanos 14:23); por lo tanto, la preocupación es pecado. Dios escucha y responde las oraciones que se hacen con fe, pero las oraciones son más efectivas cuando se hacen con fe y confianza, no con preocupación. Podemos ser como el centurión que fue honesto con Jesús y le dijo: «¡Sí, creo, pero ayúdame a superar mi incredulidad!» (Marcos 9:24 NTV). No siempre tenemos una fe perfecta, pero sí necesitamos considerar seriamente la preocupación y cambiarla por la confianza en Dios.

La preocupación a menudo llega sin ser invitada, pero confiar en Dios es una decisión. David expresó con frecuencia su confianza en Dios a lo largo de los Salmos, escribiendo a menudo: «Pondré mi confianza en Dios». Salmo 56:3 es un buen ejemplo de ello: «Cuando siento miedo, pongo en ti mi confianza».

La preocupación puede venir sin invitación, pero confiar en Dios es una decisión.

Satanás es el autor de la preocupación. Él inyecta nuestras mentes con pensamientos sobre todas las cosas malas que probablemente sucederán. Podemos hacer que las cosas existan si nos preocupamos por ellas el tiempo suficiente, pero también podemos detenerlas mientras son solo pensamientos que pretenden desgraciarnos y hacernos desconfiar de Dios.

Cada vez que empiezo a preocuparme, rápidamente medito sobre Filipenses 4:6: «No se preocupen por nada; más bien, en toda ocasión, con oración y ruego, presenten sus peticiones a Dios y denle gracias».

Sustituir los pensamientos destructivos y tóxicos por los pensamientos de Dios es la mejor manera de deshacerse de ellos. Cuando tenemos pensamientos positivos, no hay lugar para los negativos. La esperanza es la expectativa de algo bueno, y necesitamos llenar nuestra mente de esperanza. Jesús dice: «Por lo tanto, no se preocupen por el mañana, el cual tendrá sus propios afanes. Cada día tiene ya sus problemas» (Mateo 6:34).

Uno de los aspectos más desafiantes del cambio es que a menudo debemos desprendernos de una cosa antes de que

Dios nos muestre las nuevas cosas que quiere que hagamos. El tiempo que transcurre entre el abandono de lo viejo y el descubrimiento de lo nuevo puede ser motivo de preocupación. Estos tiempos ponen a prueba la fe, y el beneficio final de ellos es que nuestra fe se fortalece a medida que caminamos a través de ellos.

Así como Dios dio el maná a los israelitas un día a la vez, nos da la gracia un día a la vez. Podemos mirar al mañana, al próximo mes o a la jubilación y sentirnos ansiosos porque no sabemos qué pasará o qué haremos. Tal vez hoy no tengamos los recursos para la jubilación, pero cuando llegue el momento, Dios cuidará de nosotros si le hemos sido fieles y obedientes.

La mayoría de los padres se preocupan por sus hijos, y yo no soy la excepción. Pero todo fue en vano, porque ya son mayores y nos han dado doce nietos. Nuestros hijos adultos son responsables, aman a Dios y son buenos padres, y estoy orgullosa de tenerlos como hijos. Algunos de ellos pasaron por fases antes de llegar a donde están ahora, pero así es como se aprende. Haz todo lo posible por criar a tus hijos de acuerdo con la Palabra de Dios, y confía en que saldrán bien.

Imagina siempre cosas buenas, no malas.

Podemos imaginar cosas por las que preocuparnos. Podemos imaginar que alguien tiene pensamientos desagradables sobre nosotros cuando en realidad no los tiene. Podemos imaginar que no le gustamos a alguien cuando aún no nos conocen lo suficiente como para haber decidido si les gustamos o no. Podemos imaginar que fracasaremos, pero ni siquiera lo hemos intentado. Creo que la imaginación es un don de Dios, pero debemos usarla para imaginar cosas buenas, no cosas malas.

Muchas personas dirían que su mayor preocupación tiene que ver con las finanzas. Dios tiene una solución sencilla para esto en Su Palabra. Yo resumo Lucas 6:38 de esta manera: den generosamente y se les devolverá multiplicado muchas veces. La Biblia está llena de pasajes maravillosos sobre la bendición de dar. Leerás más sobre dar en el próximo capítulo, pero por ahora veamos este:

> Recuerden esto: El que siembra escasamente, escasamente cosechará, y el que siembra en abundancia, en abundancia cosechará. Cada uno debe dar según lo que haya decidido en su corazón, no de mala gana ni por obligación, porque Dios ama al que da con alegría.
>
> 2 Corintios 9:6-7

En el pasado, Dave y yo tuvimos algunos años de escasez financiera, pero continuamos dando a la obra del Reino de Dios, y Dios nunca ha dejado de asistirnos, incluso si era en el último minuto. Dios es fiel, así que te animo a que no te preocupes por cosas que no han sucedido. Con el tiempo, nuestra situación financiera cambió para mejor, y creo que la tuya también lo hará si eres fiel durante los tiempos de vacas flacas.

No dejes que tus emociones jueguen en tu contra

La ira, la preocupación y otras emociones negativas no nos ayudan cuando atravesamos cambios en nuestras vidas, sino que trabajan en nuestra contra. Como mencioné al principio de este capítulo, el cambio provoca todo tipo de emociones. Nuestros sentimientos pueden desbocarse, pero con la ayuda de Dios, podemos controlar la manera en que respondemos a las emociones malsanas. Las emociones negativas pueden complicar la manera en que manejamos el cambio, pero podemos ayudarnos a navegarlo con éxito si aprendemos a controlarlas.

Preguntas

1. ¿Cómo puede ayudarte el ejemplo de David en el Salmo 143 cuando sientas la tentación de enfadarte con alguien?

____

____

____

2. El Salmo 56:3 dice: «Cuando siento miedo, pongo en ti mi confianza». ¿De qué tienes miedo, y cómo puedes demostrar tu confianza en Dios en medio de ello?

____

____

____

3. ¿Qué pensamientos tóxicos o destructivos necesitas sustituir por los pensamientos de Dios?

____

____

____

4. ¿Cómo han jugado tus emociones en tu contra en el pasado, y qué aprendiste de esa situación?

____

____

____

CAPÍTULO 12

Dejar ir y dejar a Dios ser Dios

Olviden las cosas de antaño; ya no vivan en el pasado. ¡Voy a hacer algo nuevo! Ya está sucediendo, ¿no se dan cuenta? Estoy abriendo un camino en el desierto y ríos en lugares desolados.

Isaías 43:18-19

Quizás hayas oído el consejo: «Deja ir y deja a Dios ser Dios». Esta es otra lección que he aprendido en mi viaje a través del cambio. Si dejamos de cambiar, dejamos de crecer. Te animo a que nunca tengas miedo de dejar ir algo anticuado, que ya no es relevante o que está pasado de moda. El tiempo de Dios es muy importante, y puede haber momentos en que algo sea totalmente correcto para nosotros, y momentos en los que Dios quiere que dejemos ir eso y pasemos a otra cosa. Por supuesto, hay cosas a las que siempre debemos aferrarnos, como la verdad de la Palabra de Dios, la integridad, el amor, la bondad, la gratitud y la excelencia, por nombrar solo algunas. Pero algunas veces, parece que nos aferramos a lo que deberíamos dejar ir, y dejamos ir a lo que deberíamos aferrarnos. Muchas situaciones en la vida —incluso algunas relaciones— están pensadas para una temporada, y Daniel 2:21 nos enseña que Dios «cambia los tiempos y las épocas». Aun cuando no nos gusten o no entendamos ciertos cambios, cuando sabemos que Dios los está orquestando, podemos confiar en que Él nos ayudará a terminar bien una época y pasar a disfrutar de la siguiente.

Piensa por un momento en los alimentos de tu nevera. Tienen una fecha de caducidad, una fecha en la que se echan a perder. Si los comes antes de que caduquen, sabrán bien y los disfrutarás. Si los comes demasiado tarde, no sabrán bien y puedes enfermarte. El mismo principio se aplica a determinadas circunstancias y temporadas de la vida. Mientras sigamos el ritmo y el tiempo de Dios, son buenas para nosotros. Pero si nos quedamos en ellas o intentamos aferrarnos a ellas demasiado tiempo, no lo son.

Debemos desprendernos de las cosas cuando nos damos cuenta de que no son lo mejor para nosotros y hacer los cambios necesarios para garantizar un futuro mejor. Dicen que la locura es seguir haciendo lo mismo una y otra vez esperando un resultado diferente. No seamos culpables de esto, sino estemos dispuestos a dejar ir y dejar que Dios nos muestre la próxima gran cosa que tiene para nosotros. Dejemos ir todo lo que nos impide recibir lo mejor que Dios tiene para nosotros y dejemos que Dios traiga los cambios que Él sabe que necesitamos en nuestras vidas.

Deja ir las cosas que estresan tu agenda

Hace años, llegué a un punto en el que estaba muy descontenta con mi horario y a menudo me quejaba de él. ¿Sabes que quejarse sin actuar no cambia nada nunca? Dios me mostró que yo hacía mi horario y que, si no me gustaba, podía cambiarlo. Millones de personas se quejan de todo lo que deben hacer, pero son ellas las que han dicho sí a cada cosa que está en su lista. Hay cosas en la vida que debemos hacer, pero hay otras que elegimos hacer, aunque no sean vitales.

Quejarse sin actuar nunca cambia nada.

Si te sientes desbordado, te recomiendo que tomes un papel y escribas todo lo que estás haciendo. Luego tacha las cosas que no están dando ningún buen fruto en tu vida y deja de hacerlas. Déjalas ir. Deja que alguien más cumpla con esas responsabilidades, y permite que Dios te guíe a hacer solo lo que Él quiere que hagas. Tu agenda se abrirá inmediatamente, y tendrás tiempo para respirar, pensar, descansar, dormir y disfrutar de la vida. Por supuesto, puede que eso no les guste a las personas que quieren que tú hagas las cosas que decides dejar de hacer, pero tarde o temprano en la vida tendrás que decidir para quién estás viviendo. Puedo garantizarte que, si estás viviendo para Dios y siguiendo Su guía, Él nunca te dará más que hacer de lo que puedas realizar tranquilamente.

El simple ejercicio de dejar ir ciertos elementos de tu lista de cosas por hacer es una manera fácil de traer cambios positivos a tu vida, y rápidamente sentirás su impacto. Doy gracias por haber aprendido a hacer esto, y me ha ayudado mucho. Durante varios años, he tenido un falso sentido de la responsabilidad, que me ha llevado a cargar muchas cosas que debería haber hecho otra persona. También tiendo a ser una rescatadora, así que debo tener cuidado con precipitarme y tratar de rescatar a todo el mundo de sus problemas, porque puede que eso no sea lo que Dios quiere de mí.

Perdona

Mientras permitimos que Dios nos guíe a través de los cambios que Él quiere para nuestra vida, creo que lo más importante es dejar ir cualquier forma de ofensa o falta de perdón que sintamos hacia alguien.

Creo que el perdón es esencial para el cambio, y aquí es donde muchas personas se descarrilan. Se niegan a perdonar porque creen que no es justo o porque piensan que las personas que les han hecho daño no se lo merecen. Tal vez no lo merezcan, pero cuando perdonamos nos hacemos un favor a nosotros mismos, no a las personas que nos hicieron daño. Nos liberamos, y aunque quienes nos hicieron daño no merezcan el perdón, nosotros merecemos la paz.

Perdonar a las personas que nos han herido, agraviado u ofendido no es fácil, pero nos libera. Por el contrario, aferrarse a la falta de perdón es destructivo. Te roba la paz y es una emoción tóxica que puede enfermarnos. Creo que puedo decir con seguridad que mantener nuestros corazones libres de la falta de perdón es una de las cosas más importantes que debemos hacer. La Palabra de Dios nos dice una y otra vez que tenemos que perdonar a los demás como Él nos ha perdonado. Efesios 4:31-32 dice: «Abandonen toda amargura, ira y enojo, gritos y calumnias y toda forma de malicia. Más bien, sean bondadosos y compasivos unos con otros y perdónense mutuamente, así como Dios los perdonó a ustedes en Cristo».

Además de ser obedientes a Dios, hay otras dos buenas razones para perdonar a las personas que nos hacen daño. La primera es que, si no lo hacemos, nuestras oraciones no pueden ser escuchadas. Jesús dice que «cuando estén orando, si tienen algo contra alguien, perdónenlo, para que también su Padre que está en el cielo perdone a ustedes sus ofensas» (Marcos 11:25-26).

La segunda es que, si no perdonamos, damos a Satanás una ventaja sobre nosotros (2 Corintios 2:10-11). Nuestra falta de perdón abre una puerta que le da acceso a nuestra vida. Creo que la mayor parte del terreno que el enemigo gana en la vida del creyente viene a través de la falta de perdón. Es asombroso cuántos cristianos están enojados con alguien. Tratamos de justificar nuestro enojo, pero no hay justificación porque Dios nos dice que perdonemos y sigamos perdonando (Mateo 18:21-22). Si estamos dispuestos a obedecerle, Él nos dará la gracia que necesitamos para hacerlo. Como dice el refrán «la gente que sufre es gente herida», y es mucho mejor perdonarla y rezar por ella que seguir amargado y destruir tu propia felicidad.

Si no perdonas, le das a Satanás una ventaja sobre ti.

La falta de perdón no le hace bien a nadie. Si te estás aferrando a un dolor, herida u ofensa, elige hoy dejarlo ir. Deja que Dios te sane y que Él se encargue de la otra persona.

Da

¿Recuerdas la historia de Elías y la viuda? La mencioné en el capítulo 8, y señalé que Elías le pidió a la viuda que preparara una comida, sabiendo que ella solo tenía aceite y harina para cocinar para ella y su hijo. Esto puso a prueba su fe, pero al final se produjo un milagro. Como resultado de su fe, Dios proveyó para ella y su hijo hasta que la hambruna terminó (1 Reyes 17:12-16).

Veo la historia de Elías y la viuda como un ejemplo de dar a Dios nuestras primicias (los primeros productos de nuestro trabajo o nuestros ingresos), y ver cómo Él nos las devuelve multiplicadas muchas veces. Enseñar a dar no es muy popular hoy en día, pero estoy agradecida de que alguien me enseñara a dar y a hacerlo generosamente, porque ha cambiado mi corazón y mi cuenta bancaria. Empecé a dar incluso cuando necesitaba cosas para mí o para mi familia, pero cuarenta y siete años después, puedo dar a muchos otros y aún me queda suficiente para mi familia y algunos ahorros para el futuro.

Dar es una forma importante de desprendernos de algo que es valioso para nosotros y dejar que Dios nos devuelva más de lo que hemos sacrificado. Cuando nos desprendemos de algún recurso o posesión, le damos a Dios la oportunidad de bendecirnos o incluso de hacer un milagro en nuestra vida. No tenemos que pensar solo en dar dinero. También podemos dar nuestro tiempo, nuestros dones y habilidades, nuestro ánimo y apoyo, o algo tan sencillo como una sonrisa o un cumplido.

Cuando pensamos en dar financieramente, podemos empezar con lo que la Biblia enseña sobre el diezmo en Malaquías 3:10-11. Según este pasaje, debemos dar el primer diez por ciento de todos nuestros ingresos a Dios, y Él abrirá las ventanas del cielo y derramará bendiciones sobre aquellos que lo hagan. Algunas personas dicen que el diezmo es ahora obsoleto porque es parte de la ley del Antiguo Testamento y, por lo tanto, no es relevante bajo el Nuevo Pacto. Yo solo digo que, si la gente podía diezmar el diez por ciento bajo la ley, ¿cuánto más debemos hacer ahora que vivimos bajo la gracia? Pablo simplemente nos dice que demos con generosidad cuando escribe sobre ser «ricos en buenas obras, generosos y dispuestos a compartir lo que tienen» (1 Timoteo 6:18).

Dar no tiene nada que ver con la salvación. Si eliges no dar, no pierdes tu salvación, pero te perderás bendiciones y gran parte de la alegría que proviene de ser generoso con los demás.

Cuando la viuda dio a Elías una porción de lo que iba a ser su última comida, no solo se preparó para ser alimentada milagrosamente durante la hambruna, sino que se convirtió en amiga de Elías. Gracias a esa relación, su hijo resucitó de entre los muertos (1 Reyes 17:17-24).

Dios dio a su Hijo único para salvarnos de nuestros pecados (Juan 3:16). Sin duda, podemos dar generosamente para que se predique el Evangelio y para ayudar a los pobres y necesitados de este mundo. Según las Escrituras, cosechamos según lo que sembramos (Gálatas 6:7).

Jesús dice que, si damos, se nos devolverá «una medida buena, apretada, sacudida y rebosante» (Lucas 6:38). En Filipenses 4:19, Pablo escribe a los que apoyaban su ministerio: «mi Dios les proveerá de todo lo que necesiten, conforme a las gloriosas riquezas que tiene en Cristo Jesús». Creo que esta promesa es tanto para ti y para mí como para los creyentes de la época de Pablo.

Dar es importante en el proceso de cambio porque nos enseña el principio de soltar y ver lo que Dios hace como resultado.

Dar te enseña a dejar ir y ver lo que Dios puede hacer.

Preguntas

1. ¿Cuándo te ha ido bien algo en una época de tu vida, pero no en la siguiente? ¿Qué aprendiste al tener que dejar ir?

___

___

___

2. ¿Qué cosas estresan tu agenda en este momento y qué cambios necesitas hacer para tener más paz en tu vida?

___

___

___

3. ¿Has perdonado a las personas que te han herido, agraviado u ofendido? ¿Por qué el perdón es esencial para el cambio?

___

___

___

4. ¿Das a Dios y a los demás? ¿Por qué es importante dar y cómo te ha bendecido Dios como resultado de tus donaciones?

____

____

____

PARTE 4

Deja que el cambio te haga avanzar

CAPÍTULO 13

La perfección es imposible

Nunca seremos revestidos de la justicia de Cristo a menos que primero sepamos con certeza que no tenemos justicia propia.

Juan Calvino[17]

Algunas personas dicen: «Es difícil vivir la vida cristiana». Yo digo que no es difícil; es imposible. No podemos vivirla con nuestras propias fuerzas, sino que Cristo la vive a través de nosotros (Gálatas 2:20). Debemos confiar enteramente en Él y alabarle por cada victoria que tenemos. He aquí un buen ejemplo. Cuando nacemos de nuevo, recibimos la justicia de Dios en Cristo. En 2 Corintios 5:21 se dice:

> *Vivir una vida cristiana no es difícil; es imposible.*

> Al que no cometió pecado alguno [Cristo], por nosotros Dios lo trató como pecador, para que en él recibiéramos la justicia de Dios.

Somos justificados con Dios por poner nuestra fe en Jesucristo, no por comportarnos perfectamente. Esto es cierto para todos los que creen, no importa quiénes seamos. Romanos 3:23-24 dice:

> …todos han pecado y están privados de la gloria de Dios, pero por su gracia son justificados gratuitamente mediante la redención que Cristo Jesús efectuó.

La Palabra de Dios nos dice que estamos bien con Dios a través de nuestra fe en Jesucristo, pero a menos que lo creamos, no lo experimentaremos. Como joven creyente, esta era una de las verdades espirituales más difíciles de creer para mí, y mi mente necesitaba ser renovada en esta área. No podía creer que estaba bien con Dios a menos que hiciera todo bien —y eso nunca sucederá mientras vivamos en cuerpos carnales. Basándome en 2 Corintios 5:21, probablemente dije «Yo soy la justicia de Dios en Cristo» un millón de veces antes de que, al fin, empezara a asimilarlo y se convirtiera en una realidad para mí.

Ahora sé que estar bien con Dios no depende de que yo lo haga todo bien, sino de que Jesús lo hizo todo bien por mí. Creer esta verdad me ha llevado al descanso y la paz de Dios, y me ha permitido disfrutar mientras cambiaba, en lugar de rechazarme por mis imperfecciones. El deseo de mi corazón es hacer todo perfectamente, pero mi carne todavía se está poniendo al día con mi corazón. Puedes tener un corazón hacia Dios y, sin embargo, nunca alcanzar una actuación perfecta mientras estés en un cuerpo carnal.

Puedes estar bien con Dios porque Jesús hace todo bien por ti.

El primer libro de Samuel 16:7 dice: «Dios ve no como el hombre ve, pues el hombre mira la apariencia exterior, pero el Señor mira el corazón» (LBLA). Me llevó mucho tiempo creer esta verdad porque pasé gran parte de mi vida sintiéndome culpable. Durante años pensé que, de alguna manera, yo tenía la culpa de que mi padre abusara sexualmente de mí. Me sentía culpable todo el tiempo, y eso me atormentaba. Es una maravillosa libertad no sentir más que algo está mal conmigo, sino creer verdaderamente que estoy bien con Dios a través de Jesucristo. Si aún no conoces esta poderosa verdad, debo decirte que es tan válida para ti como lo es para mí, y creerla te ayudará a relajarte y disfrutar de tu vida mientras atraviesas los cambios.

Tristemente, muchos cristianos sufren la sensación de que nunca hacen lo suficiente, no importa cuánto hagan. Podemos sentir que no oramos lo suficiente, o que no oramos bien, o que no estudiamos la Biblia lo suficiente, o no hacemos suficientes buenas obras. En esto estamos en lo correcto; nunca podemos *hacer* nada lo suficientemente bien para compensar el mal que hemos hecho. Para eso vino Jesús, para hacerlo por nosotros. Satanás se mantiene ocupado recordándonos nuestras fallas y defectos. Pero Dios nos dice que estamos bien con Él por medio de la fe en Cristo, que nos ama incondicionalmente y que somos preciosos a sus ojos y hechos a su imagen.

Cambia tu ropa espiritual

La segunda carta a los Corintios 5:21 nos ayuda a comprender lo que Jesús ha hecho por nosotros: «Al que no cometió pecado alguno, por nosotros Dios lo trató como pecador, para que en él recibiéramos la justicia de Dios». Por eso, podemos cambiar nuestras ropas espirituales. Permítanme explicarlo llamando su atención sobre Efesios 4:22-24:

> Con respecto a la vida que antes llevaban, se les enseñó que debían quitarse el ropaje de la vieja naturaleza, la cual está corrompida por los deseos engañosos; ser renovados en la actitud de su mente; y ponerse el ropaje de la nueva naturaleza, creada a imagen de Dios, en verdadera justicia y santidad.

Este pasaje nos instruye a despojarnos de la vieja naturaleza, es decir, de la persona que éramos por dentro antes de recibir a Cristo como Señor y Salvador (Efesios 4:22). También se nos instruye a revestirnos de la nueva naturaleza (Efesios 4:24). Entre estas instrucciones, Efesios 4:23 nos dice que seamos constantemente «renovados» en el espíritu de nuestra mente, con una actitud mental y espiritual fresca. Esto nos dice cómo empezar a comportarnos de la manera en que Dios desea. Debemos aprender a pensar como Él piensa, y aprendemos de Su Palabra lo que Él piensa. Mientras más permitamos que Su Palabra nos enseñe cómo pensar, más actuaremos como Él quiere que actuemos.

Recuerda, debemos revestirnos de la nueva naturaleza. Este es un gran cambio que tiene lugar en nuestras vidas cuando elegimos seguir a Cristo. Espiritualmente hablando, esto significa que debemos revestirnos intencionadamente de la naturaleza que Cristo nos ha dado. El hecho de que nos revistamos de esta naturaleza no significa que maduremos de forma instantánea en ella, sino que simplemente estamos y estaremos creciendo en ella por el resto de nuestra vida.

Imagínate a un padre que le da su abrigo a su hijo de tres años. El niño se lo pone, pero le queda grande. A medida que crece, el niño quiere usarlo. Cada año se lo prueba y le queda un poco mejor. Pero no le quedará bien hasta que crezca del todo.

Esta analogía nos ayuda a entender lo que Dios nos da en Cristo. Nos da la justicia, pero es demasiado grande para nosotros hasta que alcancemos la madurez espiritual. Nos da amor y todos los frutos del Espíritu Santo (Gálatas 5:22-23), pero son demasiado grandes para nosotros hasta que crezcamos en madurez espiritual. Todo lo que Él nos da nos queda mejor a medida que crecemos. Todo lo que tenemos que hacer es saber que es nuestro y seguir creciendo a imagen de Cristo. Esto nos libera de la presión de sentir que debemos hacer todo perfectamente y nunca cometer errores. Si nos permitimos llevar una carga de culpa, nos debilitamos en espíritu, y con mucha facilidad volvemos a caer en el mismo pecado del que nos hemos arrepentido.

Tu actitud te pertenece, y nadie puede obligarte a tener una mala si tú no quieres. Tu actitud es la postura mental que adoptas ante los acontecimientos de tu vida. Ten una buena actitud ante el cambio y te resultará mucho más fácil desenvolverte en él.

Cristo está en ti y tú estás en Cristo

Pablo escribe en Colosenses 1:27: «Dios quiso dar a conocer cuáles son las riquezas de la gloria de este misterio entre los gentiles, que es Cristo en ustedes, la esperanza de la gloria» (NBLA). Esto significa que cuando recibimos a Cristo como Señor y Salvador, Él viene a morar en nosotros. Nos convertimos en el hogar de Dios. En este sentido, Pablo también escribe:

> ¿Acaso no saben que su cuerpo es templo del Espíritu Santo, quien está en ustedes y al que han recibido de parte de Dios? Ustedes no son sus propios dueños; fueron comprados por un precio. Por tanto, glorifiquen con su cuerpo a Dios.
>
> 1 Corintios 6:19-20

Es sobrecogedor meditar sobre el hecho de que Dios vive en nosotros y nunca está a más de un pensamiento de distancia. Este conocimiento es especialmente útil cuando nos encontramos en medio del cambio y la incertidumbre. Te animo a que le invites a formar parte de todo lo que hagas y a hablar con Él durante todo el día sobre cualquier cosa. Su fuerza está en ti, capacitándote para hacer todo lo que necesites hacer (Filipenses 4:13). No necesitas vivir con miedo, porque Dios nunca permitirá que te sobrevenga más de lo que puedas soportar (1 Corintios 10:13).

> *Dios nunca está a más de un pensamiento de distancia de ti.*

Así como Cristo está en ti, tú también estás en Él. Él es la cabeza, y tú eres parte de Su cuerpo (1 Corintios 12:27). El cuerpo recibe órdenes de la cabeza, al igual que nosotros debemos recibir instrucciones de Dios. Colosenses 1:18 dice: «Él es la cabeza del cuerpo, que es la iglesia. Él es el principio, el primogénito de entre los muertos, para ser en todo el primero».

Una de las lecciones más importantes que debemos aprender es que Dios nos ve «en Cristo», si somos creyentes en Él. Muchas escrituras nos enseñan que estamos en Él. Esta es nuestra nueva identidad, y es vital que aprendamos a aceptarla. Efesios 1:7 es solo una de las muchas escrituras acerca de nuestra posición en Cristo: «En Él tenemos la redención mediante su sangre, el perdón de nuestros pecados, conforme a las riquezas de su gracia». La Biblia contiene muchos versículos que nos enseñan lo que significa estar en Cristo. Entre ellos están:

> Puesto que en Él vivimos, nos movemos y existimos.
>
> Hechos 17:28

> Por lo tanto, si alguno está en Cristo, es una nueva creación. ¡Lo viejo ha pasado, ha llegado ya lo nuevo!
>
> 2 Corintios 5:17

> Al que no conoció pecado, [Dios] le hizo pecado por nosotros, para que nosotros fuéramos hechos justicia de Dios en Él.
>
> 2 Corintios 5:21 LBLA

> Bendito sea Dios, Padre de nuestro Señor Jesucristo, que nos ha bendecido en las regiones celestiales con toda bendición espiritual en Cristo.
>
> Efesios 1:3

> [Nos predestinó] para alabanza de la gloria de su gracia que gratuitamente ha impartido sobre nosotros en el Amado.
>
> Efesios 1:6

> Porque somos hechura de Dios, creados en Cristo Jesús para hacer buenas obras, las cuales Dios dispuso de antemano a fin de que las pongamos en práctica.
>
> Efesios 2:10

Después de recibir el don de la salvación de Dios, el mayor cambio que puedes experimentar es aprender quién eres en Cristo. Este es un cambio grande y maravilloso que está disponible para todos los que creen, y hace que todos los demás cambios sean más fáciles de manejar de lo que serían si no supiéramos cómo caminar con Dios y permitir que Su Espíritu nos guíe y nos dé poder para enfrentarlos. He dicho muchas veces que mi peor día con Jesús es mejor que mi mejor día sin Él, y creo que esto se aplica a cualquier cambio que tú o yo tengamos por delante. Algunos cambios son fáciles, pero cuando pasamos por los que parecen difíciles, estamos mucho mejor con Dios que sin

Él. Porque Cristo está en nosotros y nosotros en Él, podemos relajarnos y disfrutar del viaje que Dios nos lleva a través de la vida. No tenemos que hacerlo todo bien; simplemente podemos descansar en Él y confiar en que nos guiará. La experiencia me ha enseñado que cuanto más confío en Dios, más fácil resulta la vida.

Cuanto más confíes en Dios, más fácil te resultará la vida.

Preguntas

1. ¿Por qué es imposible vivir la vida cristiana? ¿Qué la hace posible?

___

___

___

2. ¿Qué significa cambiar de ropa espiritual y cómo nos capacita Jesús para hacerlo?

___

___

___

3. Cuando te cambies de ropa espiritual, ¿qué te vas a quitar y qué te vas a poner?

___

___

___

4. En tus propias palabras, ¿qué significa para ti estar en Cristo y que Cristo esté en ti?

____

____

____

CAPÍTULO 14

Posee tu herencia

Así que como somos sus hijos, también somos sus herederos. De hecho, somos herederos junto con Cristo de la gloria de Dios; pero si vamos a participar de su gloria, también debemos participar de su sufrimiento.

Romanos 8:17 NTV

¿Qué significa ser «coherederos de Cristo»? Creo que herencia de Cristo es todo el universo, todo lo que existe. Hebreos 1:2 dice: «en estos días finales nos ha hablado por medio de su Hijo. A este lo designó heredero de todo y por medio de Él hizo el universo». Me cuesta procesar esto, y quizá a ti también. Todo lo bueno que Dios ha creado nos pertenece como creyentes en Cristo. Una parte la poseemos aquí en la tierra, y otra está reservada, esperándonos en la eternidad.

Romanos 8:17 dice que debemos compartir los sufrimientos de Cristo si queremos compartir Su gloria. Me gustaría explicar primero la parte del sufrimiento, para que no te asustes y no llegues hasta la plenitud de Su promesa.

La obediencia es la clave para poseer la herencia que nos está reservada. Dios ha puesto la mesa, pero no nos obligará a comer. Podemos sufrir en la carne cuando elegimos obedecer a Dios, porque hacerlo generalmente significa decirnos no a nosotros mismos. Es duro para nosotros cuando no conseguimos lo que queremos, pero a medida que matamos al yo, se hace más fácil porque aprendemos que los caminos de Dios son siempre mejores que los nuestros.

Heredamos las promesas de Dios mediante la fe y la paciencia (Hebreos 6:12), y todos sabemos que ser paciente conlleva cierto sufrimiento. No nos gusta, pero no hay nada que podamos hacer al respecto, salvo esperar y confiar en que el tiempo de Dios es perfecto. Por supuesto, podemos optar por huir de esto, pero si lo hacemos, entonces nos quedaremos en la esclavitud.

El diablo es nuestro enemigo. Vaga «como león rugiente, buscando a quién devorar» (1 Pedro 5:8), y debemos resistirle firmemente en la fe (Santiago 4:7). Él se asegura de que no recibamos nuestra herencia sin oposición.

Para entenderlo mejor, volvamos a la historia de Moisés cuando, para liberar a los israelitas de la esclavitud en Egipto, los guio través del desierto hacia la Tierra Prometida. Se les habían prometido porciones de la tierra de Canaán que serían suyas, y era una tierra llena de leche, miel y todas las cosas buenas (Éxodo 3:8).

En tiempos del Antiguo Testamento, poseer tierras era una de las bendiciones materiales más deseadas. Los israelitas habían trabajado la tierra de los egipcios como esclavos, y solo obtenían una parte de la cosecha, pero querían su propia tierra para trabajarla y cosecharla. Dios les dio su propia tierra, en la que entraron. La distribución de la tierra se registra en Josué 13-21.

Cuando los israelitas salieron de Egipto, viajaron al monte Sinaí y pasaron allí un año recibiendo la ley (Números 1:1). Luego se dirigieron a Cades-Barnea para entrar en la Tierra Prometida. Moisés envió a doce espías para que inspeccionaran la tierra y le informaran (Números 13). Dios ya sabía que era buena, pero quería animarlos y envalentonarlos para que entraran y tomaran la tierra. Cuando entraron, descubrieron que los frutos eran tan abundantes que tenían que llevar racimos de uvas en varas sostenidas sobre los hombros de dos hombres (v. 23). Pero además de eso, también vieron gigantes (v. 28), y diez de los doce espías pensaron que los israelitas no podrían vencerlos (v. 31). Dijeron: «¡Al lado de ellos nos sentíamos como saltamontes y así nos miraban ellos!» (v. 33 NTV). Solo dos, Josué y Caleb, dijeron que estaban en condiciones de conquistar la tierra.

Debido a la incredulidad y desobediencia de los israelitas, no se les permitió entrar en la Tierra Prometida, y vagaron por el desierto durante cuarenta años. Números 14:22-23 explica por qué sucedió esto:

> Ninguno de los que vieron mi gloria y las maravillas que hice en Egipto y en el desierto y aun así me desobedecieron y me pusieron a prueba diez veces, verá jamás la tierra que, bajo juramento, prometí dar a sus antepasados. ¡Ninguno de los que me despreciaron la verá!

Los únicos que entraron en la tierra fueron Josué, Caleb y los que habían nacido en el desierto.

Cuando por fin estaban listos para empezar a tomar la tierra, Dios le dijo a Josué que todo lugar por donde pasara la planta de su pie, Él se lo había dado (Josué 1:3). Me encanta la idea de que Dios se la había dado, pero Josué y los israelitas tenían que tomarla. Tres veces en los primeros nueve versículos de Josué 1, Dios dice a su pueblo que

> *Debes tomar lo que Dios te ha dado.*

no tenga miedo, sino que sea fuerte, confiado, y valiente, porque Él estaba con ellos dondequiera que fueran.

Los israelitas tuvieron que vagar por el desierto durante todos esos años porque no caminaban en fe y obediencia a Dios, y no entraron en la Tierra Prometida sin luchar. Tuvieron que superar muchos obstáculos. Una vez escuché que, para poseer la tierra, primero tuvieron que despojar a los ocupantes que ya estaban allí. En cada pueblo que tomaban vivía gente que adoraba dioses falsos, y los israelitas tenían que entrar en guerra con ellos para tomar sus ciudades.

¿Cuál es tu tierra prometida?

Nuestra «tierra prometida» puede ser recibir a Cristo, superar nuestro pasado, encontrar la paz, aprender a disfrutar de la vida, liberarnos de muchas cosas que nos atormentan, como el miedo, la culpa, la vergüenza, los celos, la ansiedad, la preocupación, etc. Podemos imaginar que cada una de estas cosas es una ciudad de la tierra prometida que debemos conquistar, y la conquistaremos si le pedimos a Dios que nos ayude y seguimos sus instrucciones.

Ahora disfruto de una gran libertad, y han pasado más de cuarenta años desde que empecé mi viaje de tomar mi «tierra prometida». Siento que he luchado en muchas guerras, como estoy segura de que muchos de ustedes también. Pero, o luchamos por nuestra liberación, o permanecemos en la esclavitud, y prefiero

> *Mejor luchar junto a Dios que no hacer nada y ser miserable.*

luchar con Dios a mi lado que sentarme y no hacer nada más que sentirme miserable. Cuando digo luchar, no quiero decir que estemos en una lucha constante, sino que tenemos que seguir la guía del Espíritu Santo, y eso requiere acción por nuestra parte. Además, a menudo requiere determinación y negarse a rendirse.

Me resulta interesante la cantidad de personas enfermas o con algún otro tipo de problema que Jesús encontró, pero no hacían nada por ayudarse a sí mismas, y la simple instrucción de Jesús era «levántate» (Juan 5:8; Marcos 5:41; Lucas 7:14). En Isaías 60:1, Dios dice:

> ¡Levántate y resplandece que tu luz ha llegado!
> ¡La gloria del Señor brilla sobre ti!

En Isaías 61:1-3 Dios promete gracia, curación para los corazones rotos, libertad para los cautivos, belleza en lugar de ceniza, aceite de alegría en lugar de luto, manto de alabanza en lugar de tristeza y consuelo para todos los que lloran. Estas son grandes promesas, pero un capítulo antes dice: «Levántate» (Isaías 60:1). ¿Quieres sanar? ¿Estás dispuesto a levantarte de las circunstancias que te afectan y poner de tu parte?

Solemos rezar para que Dios haga algo por nosotros, y muchas veces lo hace, pero con bastante frecuencia, cuando rezamos, Dios nos muestra algo que debemos hacer. La oración en sí es una acción por nuestra parte que, si no se lleva a cabo, no sucederá nada. «Pidan y se les dará; busquen y encontrarán; llamen y se abrirá» (Mateo 7:7). Nosotros debemos pedir, buscar y llamar, y luego Dios hará su parte.

Haz algo para dejar de hacer nada

Me encanta la historia que voy a contarte de 2 Reyes 7:3-8 (NVI):

> Ese día, cuatro hombres que tenían una enfermedad en la piel se hallaban a la entrada de la ciudad.
>
> —¿Qué ganamos con quedarnos aquí sentados esperando la muerte? —se preguntaron unos a otros—. No ganamos nada con entrar en la ciudad. Allí nos moriremos de hambre con todos los demás; pero si nos quedamos aquí, nos sucederá lo mismo. Vayamos, pues, al campamento de los arameos para rendirnos. Si nos perdonan la vida, viviremos; si nos matan, de todos modos moriremos.
>
> Al anochecer se pusieron en camino, pero cuando llegaron a las afueras del campamento arameo, ¡ya no había nadie allí! Y era que el Señor había confundido a los arameos haciéndoles oír el ruido de carros de combate y de caballería, como si fuera un gran ejército. Entonces se dijeron unos a otros: «¡Seguro que el rey de Israel ha contratado a los reyes hititas y egipcios para atacarnos!». Por lo tanto, emprendieron la fuga al anochecer

> abandonando tiendas de campaña, caballos y asnos. Dejaron el campamento tal como estaba para escapar y salvarse.
>
> Cuando los hombres con la piel enferma llegaron a las afueras del campamento, entraron en una de las tiendas de campaña. Después de comer y beber, se llevaron de allí plata, oro y ropa, y fueron a esconderlo todo. Luego regresaron, entraron en otra tienda, y también de allí tomaron varios objetos y los escondieron.

Para mí, esta historia significa que como los leprosos estaban dispuestos a intentar hacer algo, aunque pareciera peligroso, Dios hizo que los arameos oyeran un ejército que en realidad no estaba allí, así que huyeron, dejando el campamento y sus bienes para los leprosos. Me encanta la declaración que hicieron al principio en la versión NTV: «¿De qué nos sirve sentarnos aquí a esperar la muerte?».

El mundo está lleno de cristianos que deberían hacer algo para dejar de hacer nada. Están sentados esperando que Dios haga todo por ellos, pero Él quiere hacer algo a través de ellos.

No estoy sugiriendo en absoluto que formemos nuestros propios planes y simplemente hagamos cosas que son obras de nuestra carne. Pero estoy sugiriendo que nos volvamos activos en seguir lo que creemos que es la guía del Espíritu Santo. Él nos conduce y nos guía a hacer cosas que nos ayudarán, pero no lo hace todo por nosotros.

Efesios 3:20 es una escritura que le encanta a la mayoría de la gente. Cuando leo ese pasaje a los asistentes de mis conferencias, siempre aplauden. Dice así:

> Y ahora, que toda la gloria sea para Dios, quien puede lograr mucho más de lo que pudiéramos pedir o incluso imaginar mediante su gran poder, que actúa en nosotros (NTV).

Esta escritura afirma que Dios puede hacer más de lo que podemos imaginar, mucho más allá y por encima de cualquier cosa que podamos pedir, pero lo hace según el poder que obra en nosotros.

A través de Cristo, eres capaz de mucho más de lo que crees, porque Él te da fuerza, poder y capacidad. Filipenses 4:13 dice que todo lo podemos en Cristo, que es nuestra fuerza. Podemos actuar a través de Él, pero todavía tenemos que realizar la acción.

A través de Cristo eres capaz de mucho más de lo que crees.

Dios dijo a Gedeón que se levantara

Una cosa que oímos a menudo cuando las circunstancias son malas es «Alguien tiene que hacer algo». Pero no se nos ocurre que tú o yo podemos ser ese «alguien». Gedeón, cuya historia se encuentra en Jueces 6-8, fue una de esas personas.

Gedeón era un israelita que vivía en un lugar llamado Madián. Según Jueces 6:1, el Señor había entregado a los israelitas en manos de los madianitas porque habían hecho «lo malo ante los ojos del Señor», y los madianitas oprimían a los israelitas poderosamente. A causa de su opresión, los israelitas clamaron a Dios. Como parte de su plan para liberarlos de los madianitas, el ángel del Señor se acercó a Gedeón y le dijo: «El Señor está contigo, hombre valiente y aguerrido» (Jueces 6:12, RVC). Dios tenía la intención de utilizar a Gedeón para liberar al pueblo, pero Gedeón se vio a sí mismo como pequeño e insignificante y no consideró que podría ser capaz de resolver el problema (Jueces 6:15). Gedeón le dio a Dios todo tipo de excusas y, finalmente, le pidió varias confirmaciones que le demostraran que estaba oyendo Su voz con exactitud (Jueces 6:17-22, 36-40).

Dios solo necesitaba una persona que creyera que Él era más grande que los problemas que le rodeaban y que podía obrar a través de ella. Gedeón era esa persona, y Dios le dijo que se levantara. Jueces 7:9 dice: «Y aconteció que aquella misma noche, el Señor le dijo a Gedeón: Levántate, desciende contra el campamento porque lo he entregado en tus manos». Dios le había dado el campamento enemigo a Gedeón, y todo lo que tenía que hacer era levantarse y tomarlo. Dios nunca carece de un plan.

En otro relato del Antiguo Testamento, Samuel estaba de luto por el fracaso de Saúl como rey, y Dios dijo: «¿Cuánto tiempo vas a quedarte llorando por Saúl, si ya lo he rechazado como rey de Israel? Mejor llena de aceite tu cuerno y ponte en camino. Voy a enviarte a Belén, a la casa de Isaí, pues he escogido como rey a uno de sus hijos» (1 Samuel 16:1). Ese hijo fue David, que llegó a ser rey años más tarde. Saúl fracasó, pero Dios tenía un plan para su pueblo (Israel) y para David. Y Él tiene un plan para ti.

Preguntas

1. ¿Cuál es la clave para poseer nuestra herencia en Cristo?

____

____

____

2. Describe tu «tierra prometida».

____

____

____

3. ¿En qué situación crees que Dios te está guiando a «hacer algo para que dejes de hacer nada»?

____

____

____

4. ¿Crees, como Gedeón, que Dios es más grande que los problemas que te rodean? ¿Qué tienes que hacer para levantarte en medio de ellos?

____

____

____

5. ¿Cómo te anima la historia de Samuel y David a perseverar en la creencia de que Dios tiene un plan para ti?

____

____

____

CAPÍTULO 15

El valor para cambiar

Dios me conceda la serenidad para aceptar las cosas que no puedo cambiar, el valor para cambiar las cosas que puedo, y la sabiduría para reconocer la diferencia.

Reinhold Niebuhr[18]

Mi abuela tenía la cita inicial de este capítulo, llamada «La oración de la serenidad», en una placa en su cocina. De niña, recuerdo que estas palabras parecían reconfortarme cada vez que las leía. En aquella época, mi padre abusaba sexualmente de mí, y todos los esfuerzos que había hecho por cambiar mi situación habían fracasado. Así que me di cuenta de que, por el momento, tendría que aceptar la situación hasta que tuviera edad suficiente para irme de casa. Estaba decidida a sobrevivir y a superar mis circunstancias. Creo que Dios me dio esa determinación.

Le había contado a mi madre lo que me pasaba y ella no me creyó. Más tarde, pilló a mi padre en el acto y simplemente se marchó y se negó a ocuparse del asunto. Intenté hablar con mis tíos, pero no quisieron involucrarse. Todos estos casos fueron tristes, y las personas que se negaron a ayudarme fueron cobardes, pero esta cita sobre aceptar lo que no podía cambiar me dio el valor para afrontar lo que no podía cambiar, y el valor para cambiarlo en cuanto pude al cumplir dieciocho años.

El valor es hacer lo que tienes que hacer a pesar de tus miedos.

La valentía no es la ausencia de miedo; es enfrentarse al miedo y hacer lo que hay que hacer a pesar de él. Todos tenemos miedo a veces. Muchos de los héroes sobre los que leemos en la Biblia tuvieron miedo, y se enfrentaron a su miedo y siguieron adelante con fe:

- Moisés tenía miedo y dio a Dios varias excusas de por qué no podía sacar a los israelitas de Egipto (Éxodo 3:11; 4:1, 10, 13).
- Gedeón tenía miedo de no poder hacer lo que Dios le pedía (Jueces 6:15).
- Jeremías y Timoteo se sintieron intimidados porque creían que eran demasiado jóvenes para ser llamados al ministerio (Jeremías 1:6-7; 1 Timoteo 4:12; 2 Timoteo 1:7- 8).
- David escribe: «Cuando siento miedo, pongo en ti mi confianza» (Salmo 56:3).
- Pedro tenía tanto miedo que incluso negó conocer a Cristo tres veces (Lucas 22:54-62).

Al considerar esta lista, deberíamos sentirnos reconfortados si sentimos miedo, porque estamos en buena compañía. Sin embargo, podemos «hacerlo con miedo», y esa es la verdadera victoria.

La clave de la paz es cambiar lo que se puede cambiar, aceptar lo que no se puede cambiar y tener la sabiduría para reconocer la diferencia. Si nosotros no podemos cambiar algo, Dios sí puede, y lo cambiará en el momento oportuno si confiamos en Él. Se necesita valor para cambiar las cosas, pero también se necesita valor para aceptar lo que no se puede cambiar. Esto puede parecernos imposible, pero con Dios todo es posible (Mateo 19:26).

Cambia lo que puedas, acepta lo que no puedas cambiar y ten la sabiduría de reconocer la diferencia.

A veces, cuando las personas experimentan los cambios asociados al envejecimiento, no quieren aceptar que no pueden hacer las cosas que solían hacer. Tal vez no quieran aceptar que se están haciendo mayores. Pero no hay nada que podamos hacer contra el envejecimiento, así que tenemos que aceptarlo. Una cosa que sí podemos hacer es cuidarnos bien en nuestros primeros años, lo que nos mantendrá fuertes en los últimos.

Pablo escribe que aprendió a estar contento, lo que significa que estaba satisfecho hasta el punto de no estar perturbado ni inquieto sin importar el estado en el que se encontrara (Filipenses 4:11). Puede que todavía quisiera cambiar, pero estaba contento mientras esperaba en Dios. ¿Tienes el valor de esperar en Dios para que haga lo que tú no puedes hacer y de disfrutar de la vida mientras esperas? Esta es la clave para estar contento.

Asóciate con Dios en tu propio cambio

No podemos cambiarnos a nosotros mismos, pero podemos cooperar con el Espíritu Santo mientras obra en nosotros para transformarnos a la imagen de Jesucristo (2 Corintios 3:18). Podemos estudiar la Palabra de Dios, podemos orar y podemos rendirnos a Dios cuando Él quiere que dejemos algo o que hagamos algo que no queremos hacer. Podemos pedir Su ayuda diariamente, y cuando el Espíritu Santo nos convence de pecado, podemos arrepentirnos rápidamente.

Dios comenzó una buena obra en ti y la llevará a cabo a plenitud (Filipenses 1:6). Aunque no pienses o sientas que Dios está obrando en tu vida, puedo asegurarte que, a través de Su Espíritu, lo está haciendo.

Lo diré otra vez: No podemos cambiarnos a nosotros mismos con nuestras propias fuerzas. Pablo escribe en Gálatas 3:1-3:

> ¡Gálatas torpes! ¿Quién los ha hechizado a ustedes, ante quienes Jesucristo crucificado ha sido presentado tan claramente? Solo quiero que me respondan a esto: ¿Recibieron el Espíritu por las obras que demanda la Ley o por la fe con que aceptaron el mensaje? ¿Tan torpes son? Después de haber comenzado con el Espíritu, ¿pretenden ahora perfeccionarse con esfuerzos humanos?

Hace años, aprendí de este pasaje que no podía cambiarme a mí misma, y empecé a pedirle a Dios que lo hiciera. En Su propio tiempo y a Su manera, Él lo ha hecho y lo sigue haciendo diariamente. Debemos soltar y dejar que Dios sea Dios en nuestras vidas. Soltar significa renunciar al control, y eso requiere mucho valor.

¿Eres capaz de dejar de intentar controlar a tus hijos adultos y entregarlos a Dios? ¿Eres capaz de dejar de intentar resolver problemas que no puedes resolver y, en su lugar, entregárselos a Dios? Cada vez que sueltas, ganas un poco más de paz, y la paz es una de las cualidades más valiosas que podemos tener. Las obras de la carne siempre nos frustran, pero podemos dejar de lado nuestros propios caminos y esperar que Dios se muestre fuerte en nuestras situaciones.

No se puede cambiar a las personas

Las personas solo pueden cambiar si quieren hacerlo, y si no lo quieren, ni siquiera Dios puede cambiarlas. Nosotros, desde luego, no podemos hacerlo. En lugar de intentar que la gente cambie, reza para que desarrollen el deseo de cambiar. No tratar de cambiar a las personas que hacen cosas que no nos gustan o cosas que sabemos que les hacen daño es posiblemente una de las experiencias más frustrantes con las que lidiamos en la vida. Pero si nos encomendamos al Señor, Él se ocupará de las personas según oremos por ellas. Solo Él puede lograr el cambio (Salmo 37:5). Debemos aprender a amar a las personas tal como son, no como queremos que sean. Quererlos y aceptarlos es una motivación más fuerte para que deseen cambiar que rechazarlos si no cambian.

Ama a las personas como son, no como quieres que sean.

Cuando nos encontramos con lo que consideramos fallas en las personas, a menudo rezamos para que cambien. Pero ¿consideramos que Dios puede estar utilizando a esas personas y sus defectos para cambiarnos a nosotros? Debemos aprender a contentarnos, incluso cuando no todo va como queremos.

En los primeros años de mi matrimonio con Dave, intenté por todos los medios cambiarlo, moldearlo para que fuera quien yo quería, pero al final aprendí que yo no era el alfarero. Dios lo es, y solo Él puede cambiar a las personas. Él le habló a Jeremías:

> «Levántate y baja ahora mismo a la casa del alfarero y allí te comunicaré mi mensaje». Entonces bajé a la casa del alfarero y lo encontré trabajando en el torno. Pero la vasija que estaba modelando se deshizo en sus manos; así que volvió a hacer otra vasija, hasta que le pareció que había quedado bien.
>
> Jeremías 18:1-4

En muchas situaciones, al final descubrí que era yo quien tenía que cambiar. Aunque era frustrante, el hecho de que Dave no cambiara fue lo que Dios utilizó para traer el cambio a mi vida.

Por ejemplo, a Dave le encantaba el golf y jugaba con frecuencia. Yo quería que lo dejara y me prestara más atención, y él se negaba. Dave me prestaba mucha atención, pero yo era controladora y quería todo su tiempo libre. Si hubiera dejado de jugar al golf porque no me gustaba, solo habría alimentado mi naturaleza controladora en lugar de ayudarme a lidiar con ella. Llevamos casados desde 1967 y él sigue jugando al golf. Ahora, le animo a que vaya y se divierta.

¿Te sientes frustrado con alguien porque no hace lo que tú quieres que haga? ¿Estás intentando cambiarle? Estás malgastando tu tiempo y tu energía. Entrégale la situación a Dios, y en vez de tratar de cambiar a alguien más, trabaja con el Espíritu Santo y deja que Él te cambie a ti como Él crea conveniente.

El mundo necesita cambiar

Mucha gente diría hoy en día que el mundo necesita cambiar. Oímos «Sé tú el cambio que quieres ver en el mundo». Cuando veas problemas en la sociedad, decídete a no permanecer pasivo ante ellos. En lugar de eso, haz lo que puedas para cambiarlos. Ve al mundo y sé amable con la gente. Sé una luz en los lugares oscuros. El mundo está lleno de gente enfadada que sabe que algo va mal, pero no se da cuenta de cuál es la raíz del problema. A menudo, se trata simplemente de que demasiadas personas no creen en Dios, o si creen, no están plenamente comprometidas y no expresan el fruto de su relación con Él en su vida diaria. Todos podemos ser embajadores de Cristo. Somos sus representantes personales, y Él hace su llamamiento al mundo a través de nosotros (2 Corintios 5:20).

El Salmo 37:1-2 dice: «No te enojes a causa de los malvados ni envidies a los malhechores; porque pronto se marchitan, como la hierba; como la hierba verde, pronto se secan». La primera parte del versículo siguiente nos enseña lo que debemos hacer: «Confía en el Señor y haz el bien» (Salmo

37:3). Me encanta este pasaje. No solo dice que confiemos en Dios. Añade «y haz el bien». En lugar de preocuparnos y frustrarnos por el mal en el mundo, sigamos este consejo comúnmente atribuido a John Wesley: «Haz todo el bien que puedas, por todos los medios que puedas, de todas las maneras que puedas, en todos los lugares que puedas, en todos los momentos que puedas, a todas las personas que puedas, mientras puedas».

Donde haya injusticia en el mundo, lleva justicia. Donde haya desánimo, lleva ánimo. Donde haya miedo, lleva fe. La Palabra de Dios tiene la respuesta a todos los problemas del mundo, y nosotros tenemos la Palabra. A través de Su poder y a través del poder del Espíritu Santo que vive en nosotros, podemos ser una fuerza de cambio positivo en el mundo.

Dios envió a Elías en un momento crítico de la historia de Israel. La adoración de ídolos había destruido espiritualmente a la nación, y los falsos profetas se habían establecido en la tierra (1 Reyes 16:30-33; 18:18-19). Los altares de Dios habían sido desmantelados y sus profetas estaban escondidos (1 Reyes 18:13, 30; 19:10, 14). Detrás de todo este caos e inmoralidad había dos personas: el rey Acab y su esposa, Jezabel (1 Reyes 16:29-32; 18:13, 18-19).

Una persona puede provocar el cambio, y esa persona puedes ser tú.

Elías salió de Galaad armado con fe y confianza en Dios (1 Reyes 17:1). Es increíble lo que una persona puede hacer para lograr un cambio positivo, y esa persona puedes ser tú.

Elías era un ser humano como tú y como yo, y sin embargo oró fervientemente para que no lloviera, y no llovió sobre la tierra durante tres años y medio (Santiago 5:17). Luego oró para que lloviera y le dijo a Acab que llovería cuando no había ninguna señal de lluvia en el cielo, excepto una nube del tamaño de la mano de un hombre (1 Reyes 18:41-42, 44). La lluvia llegó después de que Elías matara a cientos de falsos profetas de Jezabel y Acab (1 Reyes 18:40). El pueblo vio los milagros de Dios, y estos infundieron valor en ellos (1 Reyes 18:39).

Las grandes personas sobre las que leemos en la Biblia eran eso: personas. Eran como tú y como yo. Nunca seremos Elías, pero podemos tener el espíritu de Elías, lo que significa que podemos ser valientes, dar un paso adelante en la fe y hacer todo lo que Dios nos guíe a hacer.

Como he dicho en la historia sobre Gedeón, un comentario que oímos con frecuencia es: «¡Tienen que hacer algo!». ¿Te has parado alguna vez a preguntarte quiénes son «los que tienen que hacer algo»? Yo finalmente lo hice y me di cuenta de que «los que tienen que hacer algo» somos tú y yo. Si cada uno de nosotros hace lo que puede hacer, Dios hará todo lo que nosotros no podemos hacer. Simplemente tenemos que ponernos a disposición de Dios en lugar de hablar de lo que tienen que hacer los demás.

No cabe duda de que vivimos tiempos difíciles. La respuesta no es tener miedo del futuro, sino afrontarlo con valentía, preguntando a Dios qué quiere que hagamos. Ciertamente, cada uno de nosotros puede rezar, y podemos levantarnos cada día y hacer el bien. Cada día te encontrarás con personas que necesitan ayuda, ánimo, valor o simplemente una sonrisa. No seas parte del problema del mundo siendo negativo y no haciendo más que repetir los problemas en tus conversaciones. En lugar de eso, sé parte de la solución. Cree que todo es posible para Dios (Mateo 19:26), reza por el renacimiento y llénate de esperanza. Espera que ocurra algo bueno en tu vida y en el mundo que te rodea.

También es importante que cada uno de nosotros cumpla con su deber cívico. Elegimos a nuestros gobernantes y deberíamos hacer todo lo posible por estar bien informados sobre los candidatos que se presentan a las elecciones. No nos limitemos a votar a los que prometen grandes cosas; votemos a los que han demostrado lo que han prometido. El cambio en nuestra sociedad requerirá un cambio en nuestro gobierno. Ora para que Dios guíe a las personas correctas a que se postulen a puestos de gobierno, personas que trabajen para hacer leyes que se basen en los principios divinos.

El valor es contagioso. Si eres valiente, la gente alrededor se contagiará de tu valor y también se volverá valiente. Satanás espera que eso no suceda. Su esperanza es que nos acobardemos, que esperemos más maldad y negatividad, que seamos pasivos y no hagamos nada. Desilusionémoslo sometiéndonos activamente a Dios y resistiendo al diablo, y el diablo huirá (Santiago 4:7).

Preguntas

1. ¿Cuál es tu mayor miedo? ¿Cómo puedes demostrar valor y hacer lo que tienes que hacer a pesar de este?

2. ¿Qué personaje bíblico mencionado en este capítulo te inspira más por su fe en presencia del miedo? ¿Por qué?

3. ¿Cómo puedes colaborar con Dios en tu propio cambio?

4. ¿Cuál es la única razón por la que la gente cambiará? ¿Por qué es importante entender que no puedes cambiarles?

5. ¿De qué manera práctica puedes ser una fuerza positiva para el cambio en el mundo?

____

____

____

CONCLUSIÓN

Esta ha sido una semana de grandes cambios para mí, y admito que algunos han sido duros. Llevo con el mismo médico veintisiete años, y ahora que se va a mudar de ciudad, tengo que buscar otro. He probado uno y me he dado cuenta de que no era adecuado para mí, así que debo seguir buscando.

Además, por diversas razones, tenemos que cambiar nuestro calendario de conferencias y hacer más desde nuestro estudio de televisión en lugar de viajar a tantas ciudades. Esto me resulta difícil porque prefiero hacer las conferencias en persona, y llevo haciéndolas cuarenta años. Cuando hacemos algo durante tanto tiempo, cambiarlo no es fácil. Seguiremos haciendo conferencias, pero no tantas como hasta ahora. No quiero renunciar a algunos actos presenciales, pero sé que es lo correcto. Todavía puedo llegar a mucha gente con el Evangelio; simplemente tengo que hacerlo de otra manera. Para tener éxito, debemos cambiar cuando sea necesario.

Después de lidiar con las situaciones a las que me he enfrentado esta semana, me preguntaba si había escrito este libro para mí misma. Créeme cuando te digo que no eres el único que lidia con el cambio. A todos nos llega, y podemos afrontarlo con valentía, confiando en que lo que nos espera será mejor que lo que dejamos atrás.

Dios tiene muchas cosas buenas para ti en tu futuro. Todo lo que has hecho hasta ahora en la vida te ayudará a hacer mejor lo siguiente gracias a las experiencias que has tenido. Aprendemos de la experiencia qué hacer y qué no hacer. Jesús pasó por muchas cosas en sus treinta y tres años en la tierra. Se entrenó durante treinta años para un ministerio de tres años que fue tan poderoso que todavía toca a millones de personas hoy en día. La Biblia nos dice que «aprendió a obedecer. Al ser así perfeccionado, llegó a ser autor de salvación eterna para todos los que le obedecen» (Hebreos 5:8-9).

Tal vez estés pasando por momentos difíciles en esta temporada de tu vida, pero pueden estar equipándote para lo que Dios quiere que hagas en el futuro. Cuando salgas de la tormenta que estás enfrentando, no serás la misma persona que eras cuando entraste en ella. Sométete con alegría al plan de Dios, sabiendo que, aunque no entiendas lo que está sucediendo ahora, Dios sí lo entiende. Él te ama mucho y hace todas las cosas para el bien de aquellos que lo aman y quieren Su voluntad (Romanos 8:28).

Rezo para que este libro te haya ayudado a afrontar los cambios que se te presentan y se presentarán en tu vida, y que te haya ayudado a hacerlo con gran valentía. Cada día es un nuevo comienzo y trae consigo la posibilidad de cambiar.

> *Si quieres volar, tienes que renunciar a lo que te pesa.*
>
> Roy T. Bennett[19]

NOTAS

1. George Bernard Shaw, *Everybody's Political What's What* (Dodd, Mead, 1944).
2. Alfred Armand Montapert, *Distilled Wisdom* (Englewood Cliffs, NJ: Prentice Hall, 1965), 36.
3. «Transform», in *Cambridge Advanced Learner's Dictionary and Thesaurus* [online] (Cambridge University Press, n.d.), https://dictionary.cambridge.org/us/dictionary/english/transform.
4. «Average Human Attention Span By Age: 31 Statistics», *The Treetop ABA Therapy*, 17 de julio de 2024, https://www.thetreetop.com/statistics/average-human-attention-span.
5. BrainyQuote, https://www.brainyquote.com/quotes/maya_angelou_101310.
6. Andrew Murray, *Humility* (Whitaker House, 1982), 13.
7. Selena Barrientos y Yaa Bofah, «30 Quotes about Peace That Will Inspire Tranquility in Your Life», *Good Housekeeping*, 24 de agosto de 2021, https://www.goodhousekeeping.com /life/a27115824/peace-quotes.
8. Jack LaLanne, *Revitalize Your Life after 50: Improve Your Looks, Your Health, and Your Sex Life* (Hastings House, 1995), 42.
9. Quote Fancy, https://quotefancy.com/quote/953506/Robin-S-Sharma-Don-t-LIVE-the-same-year-75-times-and-call-it-a-Life.
10. John F. Kennedy, discurso en Paulskirche, Frankfurt, 25 de junio de 1963.

11. AZ Quotes, https://www.azquotes.com/quote/1497219.
12. Chris Heivly, «Richard Branson's 1 Rule for Embracing Change», Inc., 14 de enero de 2016, https://www.inc.com/chris-heivly/richard-branson-s-one-rule-for-embracing-change.html.
13. Deborah Rae Stricklin, *Trophies of His Grace: Capture the Goodness and Glory of the Grace of God* (Dream Releaser, 2020).
14. Carlos Wallace, *The Other 99 T.Y.M.E.S.: Train Your Mind to Enjoy Serenity* (Million Dollar Pen, Ink, 2016).
15. Don Colbert, *Emociones que matan: Entienda la conexión mente-cuerpo-espíritu que puede sanarle o destruirle* (Thomas Nelson, 2003), 35.
16. Colbert, *Emociones que matan*, 37.
17. AZ Quotes, https://www.azquotes.com/quote/927659?ref=righteousness.
18. BrainyQuote, https://www.brainyquote.com/quotes/reinhold_niebuhr_100884.
19. QuoteFancy, https://quotefancy.com/quote/3207073/Roy-T-Bennett-Accept-yourself-love-yourself-and-keep-moving-forward-If-you-want-to-fly.

¿Tienes una verdadera relación con Jesús?

Dios te ama. Él te creó para que fueras un individuo único, especial y sin réplica alguna, y tiene un propósito y un plan específicos para tu vida. A través de una relación personal con tu Creador, Dios, puedes descubrir un estilo de vida que realmente satisfaga tu alma.

No importa quién seas, lo que hayas hecho o en qué punto de tu vida te encuentres ahora mismo: el amor y la gracia de Dios son mayores que tu pecado y tus errores. Jesús voluntariamente dio su vida para que puedas recibir el perdón de Dios y tener una nueva vida con Él. Jesús solo está esperando a que lo invites a ser tu Salvador y Señor.

Si estás listo para entregar tu vida a Jesús y seguirlo, todo lo que tienes que hacer es pedirle que perdone tus pecados y que te dé un nuevo comienzo en la vida que estás destinado a vivir. Comienza rezando esta oración:

> Señor Jesús, gracias por dar tu vida por mí y por perdonar mis pecados para que pueda tener una relación personal contigo. Lamento sinceramente los errores que he cometido y sé que necesito que me ayudes a vivir bien.
> Tu Palabra dice en Romanos 10:9: "Si confiesas con tu boca que Jesús es el Señor y crees en tu corazón que Dios lo levantó de entre los muertos, serás salvo". Yo creo que Tú eres el Hijo de Dios y te confieso como mi Salvador y Señor. Tómame tal como soy y obra en mi corazón, haciendo de mí la persona que Tú quieres que sea. Quiero vivir para ti, Jesús, y agradezco que me des un nuevo comienzo en mi nueva vida contigo hoy.
> ¡Te amo, Jesús!

Es increíble saber que Dios nos ama así. Él quiere tener una relación profunda e íntima con nosotros, que crezca cada día mientras pasamos tiempo con Él en oración y en el estudio de la Biblia. Y queremos animarte en tu nueva vida en Cristo.

Visita https://tv.joycemeyer.org/espanol/como-conocer-jesus/ para descargar gratis el libro *Diles que les amo*. También tenemos otros recursos gratuitos en línea para ayudarte a progresar en la búsqueda de todo lo que Dios tiene reservado para ti.

¡Enhorabuena por el nuevo comienzo de tu vida en Cristo! Esperamos tener noticias tuyas pronto.

SOBRE LA AUTORA

JOYCE MEYER es una renombrada maestra de la práctica del mensaje de la Biblia y una de las autoras más vendidas del *New York Times*. Los libros de Joyce han ayudado a millones de personas a encontrar esperanza y restauración a través de la fe en Jesucristo. El programa de Joyce, *Disfrutando la vida diaria*, se emite por televisión, radio y en línea a millones de personas en todo el mundo en más de cien idiomas.

A través de Joyce Meyer Ministries, la autora enseña a nivel internacional una serie de temas con un enfoque particular sobre cómo la Palabra de Dios se aplica a nuestra vida cotidiana. Su cándido estilo de comunicación le permite compartir sin reservas y de forma práctica sus experiencias para que otras personas puedan aplicar a sus vidas lo que ella ha aprendido.

Joyce es autora de más de ciento cuarenta libros, que han sido traducidos a más de ciento sesenta idiomas y de los que se han distribuido más de treinta y nueve millones en todo el mundo. Entre sus libros más vendidos figuran *El poder del pensamiento*; *Fortaleza para cada día*; *Hábitos de una mujer piadosa*; *Supera cada problema*; *Cómo oír a Dios*; *Una vida sin conflictos*, *Belleza en lugar de cenizas;* y *El campo de batalla de la mente.*

La pasión de Joyce por ayudar a las personas que sufren es el fundamento de Hand of Hope [Mano de Esperanza], la rama misionera de Joyce Meyer Ministries. Cada año, Hand of Hope proporciona millones de comidas a personas hambrientas y malnutridas, instala pozos de agua dulce en zonas pobres y remotas, presta ayuda crítica tras catástrofes naturales y ofrece atención médica y dental gratuita a miles de personas a través de sus hospitales y clínicas en todo el mundo. Joyce también estableció el *Project GRL*, una iniciativa surgida de su deseo de dar a las mujeres y niñas marginadas por la sociedad o sus circunstancias la oportunidad de llegar a ser todo lo que Dios las ha creado para ser.

JOYCE MEYER MINISTRIES

DIRECCIONES DE LAS OFICINAS EN ESTADOS UNIDOS Y OTROS PAÍSES

Joyce Meyer Ministries
P.O. Box 655
Fenton, MO 63026
Estados Unidos
(636) 349-0303

Joyce Meyer Ministries – Canadá
P.O. Box 7700
Vancouver, BC V6B 4E2
Canadá
(800) 868-1002

Joyce Meyer Ministries – Australia
Locked Bag 77
Mansfield Delivery Centre
Queensland 4122
Australia
(07) 3349 1200

Joyce Meyer Ministries – Inglaterra
P.O. Box 1549
Windsor SL4 1GT
Inglaterra
01753 831102

Joyce Meyer Ministries – Sudáfrica
P.O. Box 5
Ciudad del Cabo 8000
Sudáfrica
(27) 21-701-1056

Joyce Meyer Ministries – Francofonía
29 avenue Maurice Chevalier
77330 Ozoir la Ferrière
Francia

Joyce Meyer Ministries – Alemania
Postfach 761001
22060 Hamburgo
Alemania
+49 (0)40 / 88 88 4 11 11

Joyce Meyer Ministries – Holanda
Lorenzlaan 14
7002 HB Doetinchem
Holanda
+31 657 555 9789

Joyce Meyer Ministries – Rusia
P.O. Box 789
Moscú 101000
Rusia
+7 (495) 727-14-68
9781644739648

OTROS LIBROS DE JOYCE MEYER

Sus batallas son del Señor
El campo de batalla de la mente
Cómo oír a Dios
La conexión de la mente
De mujer a mujer
Devocionales diarios de los salmos
Disfrute donde está camino a donde va
Fortaleza para cada día
Hábitos de una mujer piadosa
Luzca estupenda, siéntase fabulosa
Maneja tus emociones
Mujer segura de sí misma
El poder del pensamiento
Supera cada problema
Tienes que atreverte
Una vida sin conflictos
El camino al éxito